교과서만
중학교 내신성적 120% 올리는 교과서 읽기기술
보고
1등했어요

교과서 본문 인용을 허락해 주서서 감사드립니다.

≪도덕3≫(2003. 3.1초판)중, 유병열(서울교대), 윤현진(교육과정평가원), 최문기(서원대), 박병춘(전주교대), 서규선(서원대) ≪도덕2≫(2002.3.1초판)중, 양방주(제주대), 정병련(전 전남대), 권혁길(충북대), 이황규(전 부산대), 박동준(한국학중앙연구원), 박장호(경성대), 김문식 (규장각) ≪도덕1≫(2001.3.1초판)중, 강두호(전북대), 오석종(양재고) ≪국어2-2≫(2002.9.1초판)중, 김상욱(춘천교대), 서미선(중화고) ≪국어1-2≫(2001.9.1초판)중, 강봉근(전북대), 김현정(영서중), 박일룡(홍익대), 이상구(경남대) ≪국어1-1≫(2001년3월1일 초판)중, 나병철(교원대) ≪생활국어1-2≫(2001.9.1초판)중, 최윤길(광주과학고) ≪국사≫(2002.3.1초판)중, 양기석(충북대), 김흥수(전 춘천교대) ≪사회2≫(금성출판사, 2002.3.1초판) ≪사회1≫(금성출판사, 2001.3.1초판), 조화룡(경북대), 서태열(고려대), 임준묵(신림고), 손병노(교원대), 김관수(교원대), 김태헌(교원대), 유경준(공주대), 한주성(충북대), 이춘수(충북대), 오금성(서울대), 정진석(당산서중), 박강용(경기도교육청), 송형세(서울시교육연수원)

한국교육개발원, 전주문화재청, 한국문예학술저작권협회, (주)금성출판사, (주)두산, (주)천재교육, (주)어문각, (주)중앙일보사, '역사신문3-훈민정음 기사 전문' , '역사신문3-최만리의 반대 상소' ((주)사계절출판사).

※ 저작권법에 의거해 출판사, 혹은 해당 내용의 원 저자의 사용 허락을 받았으나, 사정상 저자나 그 가족의 동의를 얻지 못한 부분이 있음을 밝힙니다. 출판사로 문의 바랍니다.

교과서만 보고 1등 했어요

펴 냄	2008년 9월 5일 1판 1쇄 박음 / 2010년 4월 5일 1판 5쇄 펴냄
지 은 이	신붕섭
일러스트	배중열
펴 낸 이	김철종
펴 낸 곳	(주)한언
	등록번호 제1-128호 / 등록일자 1983. 9. 30
주 소	서울시 마포구 신수동 63-14 구 프라자 6층(우 121-854)
	TEL. (대)701-6616 / FAX. 701-4449
책임편집	오상희 startree00@naver.com
디 자 인	한언디자인팀
홈페이지	www.haneon.com
e-mail	haneon@haneon.com

저자와의 협의하에 인지 생략

I S B N   978-89-5596-494-3   53370

교과서만 보고 1등 했어요

중학교 내신성적 120% 올리는 교과서 읽기기술

신붕섭 지음

한언

공부 잘하는 아이들의 비밀, 교과서만 잘 읽어도 답이 보인다!

어떻게 하면 공부를 잘 할 수 있을까?

학생이면 누구나 갖는 소망이겠죠. 부모님은 또 어떻고요.

내 아이가 공부를 잘하면 힘든 일도 다 잊을 수 있죠. 공부를 잘하고 싶은데, 학원을

다니고 과외를 받아도 성적은 늘 제자리입니다. 여러분은 어떤가요? 부모님께도 민

망하기도 하고 고민되죠? 그럼 너무 복잡하게 생각하지 말고 단순하게 한 가지 원칙만 생각해 봅시다.

모든 일은 기초와 기본이 매우 중요합니다. 꽤 오래 전에 한강의 성수대교가 무너져 등교하던 많은

학생들이 목숨을 잃는 안타까운 일(1994년)이 있었죠? 또, 쇼핑을 즐기던 수백 명이 무너진 건물에 깔

려 죽은 삼풍백화점 사건(1995년)도 있었습니다. 왜 그랬을까요? 기초가 부실했기 때문입니다.

그럼 공부의 기초는 무엇일까요? 바로 교과서죠. 교과서를 주의 깊게 읽고, 이해하는 것입니다. 지은

이는 교과서가 여러분의 가장 친한 친구라고 말하겠습니다. 좋아하는 연예인은 어떤가요? 늘 함께 하

고 싶고, 더 가까이 하고 싶고, 자세히 알고 싶지 않겠어요? 교과서는 튼튼한 기초 공사와도 같습니다.

남들이 부러워하는 학교에 합격한 선배들이 늘 하는 말이 있죠? "교과서를 중심으로 공부했어요" 하

는 말, 거짓말 같던가요? 하지만 이 말은 정말 사실입니다.

요즘은 학원 수강이나 과외, 넘쳐나는 참고서와 문제집은 말할 것도 없고, 교육방송(EBS)이나 인터넷

동영상 강의 등 공부할 수 있는 통로가 널려 있잖아요. 그런데 가장 의지하고 가까이 해야 할 교과서는 소홀히 하는, 이해할 수 없는 일이 빌어지고 있더군요. 공부 환경은 좋아졌는데 교과서는 소홀히 하는 것은, 먹을 것이 넘쳐나는 세상에 오히려 건강 걱정을 하는 것과 뭐가 다르겠어요. 참고서, 학원 교재 위주로 공부하고, 교과서는 그저 수업 시간에나 가져가나요? 나는 아니라고요? 그럼, 아주 다행이고요.

공부 잘하는 방법, 교과서가 답이다!!

지은이는 우리가 꿈같은 월드컵 4강 신화를 이룩해 온 국민이 열광할 때 《공부방법을 알면 성적이 보인다》(한언)를 펴냈습니다. 그 후로 공부 방법에 관한 책이 경쟁하듯 나왔지요. 요즘에는 병원과 한의원에서 '학습 클리닉' 이라는 것을 만들어 공부 잘하는 약까지 만들어주기도 합니다.

그런데 정작 공부의 기본인 교과서에 대해서는 얘기하지를 않더군요. 공부하는 수많은 방법을 알고 있음에도 교과서를 제대로 보지는 않는다는 거지요. 그래서 교과서를 공부하는 방법이 학생들에게 필요하겠다는 생각을 했습니다. 그리고 그 해답은 바로 '읽는 것' 입니다. 읽기 능력이 뛰어난 학생들이 공부를 잘한다는 증거는 우리나라뿐 아니라 미국, 일본에서도 나오고 있어요. 미국 플로리다 주에서는 학생들의 읽기 능력이 떨어져 읽기만을 가르치는 전담교사까지 있다니, 그만큼 읽기를 중요하게 생각하는 것입니다. 이 책은 교과서를 제대로 공부하는 법, 즉 제대로 읽는 법을 알려주고 있으니 이 책도 말 그대로 '잘 읽어' 보자고요. 학교 공부의 기본은 교과서!! 교과서의 기본은 읽기!! 교과서를 잘 읽고 공부하면 분명 성적이 달라진답니다.

2008. 9. 지은이 신붕섭

Prologue

수석 합격자들의 고백 "교과서 위주로 공부했어요"

학교 시험문제는 교과서에서 출제된다

"교과서? 그냥 학교에서 가르쳐주는 대로 보면 되지"라고 생각하나요? 교과서를 공부하는 방법을 왜 알아야 하는지 현실적으로 생각해 보죠. 모든 학교 시험은 반드시 교과서 내에서만 출제하도록 되어 있습니다. 그리고 서울시교육청 등 몇몇 지역에서는 2008년부터 중학교에서도 서술형 문제를 50% 이상 출제하도록 했습니다. 객관식일 때야 맞힐 확률이라도 있었겠죠. 하지만 서술형 문제를 풀려면 교과서를 대충 읽고 넘어가는 수박 겉핥기식 공부는 안 됩니다. 교과서 내용을 더 깊이 있게 여러 번 읽어야 되지요.

국어

교과서 3회 이상 정독 ~ '학습활동' 풀고 모범답안 써볼 것

신서중 정삼목 교사는 "교과서를 3회 이상 정독하면서 문단별로 중심문장을 찾고 글의 주제를 이해하는 공부를 해야 한다"고 말했다. 정 교사는 또 "교과서의 '학습활동' 문제를 풀고 모범답안을 써볼 것"을 권했다. 1학년은 서술형·논술형 평가 문제집을 풀면 도움이 된다. 단원별 특성에 따라 공부 방법이 다르다. 소설은 인물 성격과 특징을 파악하고, 시는 내용과 주제를 이해하는 게 중요하다. 수필은 지은이의 생각을 잘 따라 잡아야 한다. 논설문·설명문은 지문을 여러 번 읽고 단락별 주제와 전체 흐름을 이해한다. 정 교사는 "출제자의 의도를 알고 조건대로 서술해야 감점을 당하지 않는다"며 "맞춤법을 잘 지키고 답을 검증하는 습관도 길러야 한다"고 당부했다.

사회

교과서 처음 나오는 주요 단어·지도·표·읽기 자료 공부를

당곡중 한성욱 교사는 "교과서를 2, 3회 정독하고 처음 나오는 주요 단어를 파악하는 게 핵심공부법"이라고 말했다. 교과서에 실린 지도, 표, 읽기·사진 자료도 시험에 자주 나온다. 원인과 배경, 내용과 과정, 결과와 영향을 연결시켜 파악해 공부해야 한다. 예를 들면 울산 장려운동의 시대적 배경과 전개과정, 민족운동에 끼친 영향 등을 처음 등장하는 용어를 중심으로 연결시켜 공부하는 게 '고득점 비법'이다.

한 교사는 "답안은 장황하게 쓰지 말고 교과서 용어를 이용해 핵심 내용을 서술해야 한다"고 말했다. 주의할 점은 '~을 3가지 제시하시오(각 3점)'라고 했을 때 2가지만 제시하면 3점이 감점되므로 조건에 맞게 써야 한다는 것이다.

– 〈중앙일보〉, 2008년 2월 27일 현직 교사에게 듣는 중학생 서술·논술형 평가 대비법 중 발췌

고등학교 선생님들께서도 수능에서 고득점을 하려면 교과서 중심의 공부를 하라고 한 목소리로 말씀하신답니다.

언어 주요 어휘 노트 만들어 암기
수리 교과서 위주 개념학습 중요

전국연합학력평가로 가능해 본 2009 수능 학습 전략

전국 52만 명의 고3 수험생들이 12일 전국연합학력평가를 치렀다. 서울시교육청 대학진학지도지원단 임병욱(국어·인창고), 박문수(수학·청원여고), 주석훈(영어·한영외고), 이성권(사회탐구·대진고), 강병재(과학탐구·보인고) 교사가 16일 중앙일보NIE연구소에서 만나 모의평가 출제경향을 분석한 뒤 2009 수능 학습 전략에 대해 조언했다. 교사들은 "4월 2일께 성적표가 나오면 영역별 취약점을 분석해 보강하고 외국어·수리는 5년분, 다른 영역은 3년분의 수능·평가원 기출문제를 풀어 문제 유형을 익혀야 한다"고 당부했다.

왼쪽부터 임병욱, 강병재, 주석훈, 이성권, 박문수 교사. 안윤수 기자

◆**언어 영역**=낯선 지문이 많았으나 지난 시험보다 다소 쉬웠다. 그림·도표·그래픽을 제시한 문항이 17개로 늘었고, 비문학 배점은 2점 늘어져 전체적으로 문학 배점보다 5점 낮게 책정됐다.

현대시와 고대시가의 복합출제, 수필 대신 희곡이 출제된 것은 지난 수능과 같았다. 임 교사는 "현대소설을 뺀 모든 지문이 짧아졌다"며 "제시문의 단락을 이해하고 단락별 주제문을 찾는 훈련을 꾸준히 해야 한다"고 말했다. 그는 또 문학은 핵심 개념을 분명히 알고, 비문학은 빠른 독해력을 키워야 고득점을 올릴 수 있다고 조언했다. 특히 고급 어휘나 고유어·한자어가 주요 어휘는 노트를 만들어 순으로 정리해 영어 단어 암기하듯 공부하라고 말했다.

◆**수리 영역**=수열, 경우의 수, 확률과 통계 등의 단원에서 문제가 많이 출제됐다. 수열과 지수로그 단원이 섞여 나온 11번 문항 등 단원 간 통합문제도 있었다. 박 교사는 "'보기'를 이용한 추론 문항이 6개(가형), 5개(나형)로 지난 수능보다 한 두개 늘어나 수학적 사고력이 부족한 학생들에겐 어려운 시험이었다"며 "상위권 학생들의 성적은 비슷하겠으나 중위권은 떨어질 것"이라고 예상했다.

그는 또 "수리에서 고득점을 얻으려면 빠른 응용 능력이나 고난도의 사고력이 필요한 문항을 꾸준히 연습하고 '지수로그' 단원에선 시사 문제가 소재가 되므로 이에 대비해야 한다"고 말했다. 박 교사는 수리 영역의 경우 패턴 중심의 풀이보다는 교과서 위주의 개념학습이 중요하다고 강조했다. 중학교 2학년 교과서의 도형 부분, 10~11 교과서의 삼각함수 등을 확실하게 공부해 두라고 권했다.

◆**외국어 영역**=문법과 독해 어휘 문항이 다소 까다롭게 출제됐다. E-월드나 디지털세계·베이징 올림픽·지구 온난화 등 시사문제부터 'cliff-hanger' 등 생소한 소재를 다룬 지문까지 소재는 다양했다. 주 교사는 "중하위권 학생들은 듣기 문항(배점 34점)만 일정히 해도 현 등급을 올릴 수 있다"고 말했다. 자연계에서 언어영역 영역의 점수도 떨어질 수 있다고 주 교사는 경고했다. 그는 문제 유형을 검토하고 자주 나오는 어휘와 표현은 소리내어 읽어보고 가능한 한 암기하라고 조언했다. 또 핵심

단어와 숫자는 메모하면서 듣는 연습을 하고, 지난 시험부터 지문당 어휘 수가 20%가량 늘었으므로 문제당 1분 20초 안에 풀 수 있도록 독해 훈련을 하라고 권했다.

◆**사회탐구 영역**=제시문이 길고 복잡한 데다 2개 이상의 자료를 토대로 추론하는 능력을 묻는 문항이 포함됐다. 특히 태안 기름유출·비정규직·외국인 노동자·배심원 문제 등과 같은 시사문제가 강화된 것도 특징. 이 교사는 "친구들과 신문을 하나씩 정해 주요 뉴스를 스크랩해 협동학습해 볼 것"을 권했다.

◆**과학탐구 영역**=단원 안의 중요한 개념을 복합적으로 이해해야 풀 수 있는 개념이해형 문제와 자료 해석 문제가 많았다. 강 교사는 "교과서에 나와 있는 기본 개념과 그림·표 등의 시각자료를 정리하고 실생활이나 시사문제와 관련지어 공부하라"고 설명했다. 다소 복잡하거나 계산 과정을 여러 번 거쳐야 풀 수 있는 문제가 최근 많이 나오므로 기본 개념과 공식을 연관짓는 계산 문항에 대비해야 한다는 게 교사들의 주문. 강 교사는 또 교과서에 나온 실험 방법과 실험기기 사용법을 정확히 알고 수능 기출문제를 토대로 오답노트를 만들어 자주 틀리는 유형에 대비해야 한다고 강조했다.

박길자 기자 dream@joongang.co.kr

올해 첫 학력평가 출제경향 분석

언어 영역 =2008 수능보다 다소 쉬워짐.
- 쓰기 7·8번 : 문제와 보기(글쓰기), 선지문 복합적으로 연결됨.
- 현대소설 41번 : 소설과 현대시 연결지어 푸는 문항.

수리 영역 =기형보다 나형 더 어려워.
- 공통문항 12번 : '보기'의 진위 판별 까다로워짐.
- 나형 30번 : 사형원, 단순한 나열 통해 규칙성 발견한 경우 유리.

외국어 영역 =유형 비슷하나 다소 어려워짐.
- 일부 고난도 문항, 독해의 경우 빈 칸 추론, 글 순서를 정하는 문항 등 어려워.

사회탐구 영역 =지난 수능과 비슷.
- 법과 사회에 비정규직, 배심원제 등 시사문제 강화.

과학탐구 영역 =물리Ⅰ만 다소 어려워져.
- 물리 : 공식 이용한 계산능력 요구.
- 화학 : 단순한 물음 많아.
- 생물 : 혈액의 산소 해리도, 계산 문제와 13번의 생물 종속 관련된 문항 어려워.
- 지구과학 : 시사 문제 많아. 17번 앞의 위상 변화는 고난도 문제.

도움말 : 임병욱·박문수·주석훈·강병재 교사

서울시 교육청 대학진학지도 위원단 강병재(보인고, 과학탐구) 교사는 "과학탐구는 교과서에 나와 있는 기본 개념과 그림·표 등의 시각자료를 정리하고 실생활이나 시사문제와 관련지어 공부하라"고 설명했다.

－〈중앙일보〉, 2008년 3월 19일 [열려라! 공부] 중 발췌

논술의 기본원리는 교과서에 다 있다

요즘은 학부모들이 초등학교 때부터 논술에 무척 신경을 쓰더라고요. 특히 명문대학들은 신입생을 선발할 때 논술 능력을 중요한 비중으로 테스트하기 때문에 미리미리 준비하려는 사람들이 많습니다.

그런데 여기서 논술 실력을 기르는 데서도 교과서는 필수적입니다. 논술을 잘 하려면

글을 쓸만한 얘기들이 많아야죠? 다양한 배경 지식을 얻을 수 있는 책으로 교과서만한 좋은 교재가 없습니다. 교과서에서는 다양한 내용과 지식이 학년별, 교과별로 단계적으로 아주 잘 배열되어 있으니까요. 그러니 다른 어려운 고전이나 전문서적을 먼저 읽으려고 하지 말고 먼저 교과서를 자세하게 읽으세요. 교과서를 통해 기본적인 개념이나 원리 등을 정확히 아는 것이 첫째입니다.

2007년 서울대 정시모집에서 법대 수석을 차지한 이정덕 선배(대일외고 졸업)는 수능 성적은 합격자 평균에 그쳤지요. 하지만 논술에서 고득점을 받아 수석의 영예를 거머쥐었는데, 그 비결이 바로 교과서였다고 고백했습니다.

그는 "교과서가 내신은 물론이고 수능과 논술까지 대비하는 데 가장 효과적이었다"며, 교과서는 기본 개념을 골고루 설명해 주기 때문에 평소에 꼼꼼히 읽어 두는 것이 도움이 되었다고 했습니다. 또한 논술을 할 때는 괜히 잘 알지도 못하는 이론이나 명언, 어려운 사상보다 익숙한 교과서 내용으로 풀어나가는 것이 훨씬 써 나가기 편했다고 합니다. 글을 잘 쓰는 것은 곧 쉽고 설득력 있게 쓰는 것이니까요. 문장을 어렵게 쓰는 것보다 알고 있는 내용으로 쉽게 풀어내는 것이 논술의 첫걸음인 것이죠. 실제로 논술 문제에서 '지식 정보화 시대에 정부·기업·가정의 변화 속도'가 주제로 나왔을 때《사회문화》교과서에 나오는 사회유기체설을 결론에 인용했다고 밝히기도 했습니다.

교과서만 제대로 읽으면 모든 문제가 쉬워진다 – 공부 기술은 곧 읽기 기술

"모든 길은 로마로 통한다"는 말 알죠? 지은이는 "모든 공부는 읽기 기술로 통한다" 이렇게 바꿔 보겠어요. 혹시 읽기 기술이 국어 공부에만 필요하다고 생각하나요? 이 책에서 말하는 교과서 공부 기술은 곧 읽기 기술입니다. 모든 교과에 두루 적용되는 공통 능력에 해당됩니다. 심지어 수학 공부에도 필요해요. 책을 많이 읽는 학생이 공부를 잘하지 않던가요? 그것은 읽기 능력이 공부 전체에 적용되기 때문이라는 거겠지요.

서울과학고를 거쳐 명문대를 졸업하고, 인터넷에서 수학 멘토로 활동하고 있는 수학 고수(김준서 외 3인)들은 수학 문제를 풀 때 단계별로 접근하라고 조언하고 있습니다.

내비게이션 길 찾듯 '연관 단원 맵' 만들면 학습효과 높아, 어려운 문제는 루프스카 풀이법으로 단계별 공략해야

- 〈중앙일보〉, 2008년 6월 11일
[열려라! 공부] 중 발췌

단계별로 문제에 접근하자=수학 고수들이 제안한 문제 풀이법은 '루프스카(RUFSCA)'. 문제 읽기(Read), 이해하기(Understand), 수식화하기(Formulate), 해결전략 찾기(Solve), 계산하기(Calculate), 검산하기(Answer)를 거친라는 말이다. 문제를 하나의 큰 덩어리로 보고 풀면 벽에 부딪치기 쉬우므로 단계별로 징검다리를 건너듯 하나씩 이 과정을 밟아 가라는 것.

첫 단계인 '문제 읽기'에서 어려움을 느끼는 학생들은 주어에 동그라미를 치고 문맥이나 문장이 바뀌는 부분에서 슬래시(/) 표시를 해 끊어 읽는 연습을 한다. '이해하기'에선 문제를 한꺼번에 이해하려 하지 말고 문제에서 주어진 '조건'과 '요구'를 각각의 문장으로 만든다. 그래프나 그림을 그려 이해하는 것도 방법이다. 고교 수학에선 방정식·부등식·함수 단원은 그래프를 그리는 것만으로 문제의 절반은 풀 수 있다고 한다.

김서준(25·POSTECH 컴퓨터공학과 졸)씨는 "공식과 개념을 아는데도 문제를 풀지 못하는 것은 해결전략을 모르기 때문"이라며 "이때는 평소 잘 틀리는 문제의 해결전략을 짜 놓은 오답노트를 활용하면 된다"고 말했다.

박정현 기자 lena@joongang.co.kr

수학 문제를 푸는 단계에서, '문제 읽기(Read)'가 출발점이죠. 첫 단추를 잘 꿰어야 일이 술술 풀리는 이치는 바로 수학 공부에도 적용되는 셈이네요. 그리고 수학 공부의 첫 단추는 바로 문제를 잘 읽는 것입니다.

공부의 해법! 읽기 기술의 원리

책을 읽고 잘 이해하려면, 그것이 어떤 원리를 바탕으로 쓰였고, 어떤 내용들로 구성되었는지 먼저 파악하고 들어가는 것이 필요합니다. 우리는 새로운 사실을 어떻게 머릿속에 저장할까요? 이런 질문에 가장 쉽게 답을 주는 것이 바로 정보처리이론입니다. 이론이라고 하니까 머리가 무겁기 시작하나요? 안 그래도 돼요. 우리가 늘 가까이 하는 컴퓨터를 생각하면 되니까요. 인간의 뇌는 컴퓨터 구조와 비슷하답니다. 컴퓨터로 워드 작업을 하고 그것을 저장했다가 나중에 다시 출력하여 사용하는 과정을 이해하면 정보처리가 무엇인지 다 이해한 것이나 마찬가지입니다.

책을 눈으로 읽는 것은 자판을 치는 것이고, 읽은 내용을 기억하는 것은 입력한 내용이 컴퓨터에 저장되는 것입니다. 외운 내용을 시험 칠 때 끄집어내어(이것을 인출이라 합니다) 답을 쓰는 것은 무엇이겠어요? 그야 저장한 파일을 불러와 프린트(출력)하는 것이지요.

그런데 이때 파일을 아무렇게나 저장해 두면 나중에 찾지 못해 애를 먹게 되죠? 그럼 어떻게 해야 할까요? 폴더를 만들어서 비슷한 내용들을 하나의 폴더에 만들면 됩니다. 이

것을 교과서 읽는 것에 비유해 볼까요? 읽은 내용을 잘 기억(저장)하고, 나중에 인출(출력)하기 좋도록, 한 단원을 읽으면서 개념도(56쪽)나 마인드 맵(62쪽)을 만드는 것은 바로 폴더를 만들어 저장하는 것과 같습니다. 이 책은 이렇게 정보를 효과적으로 처리하는 원리를 바탕으로 쓰였습니다. 이것을 다른 말로 뇌 과학, 인지과학이라고도 합니다. 나의 뇌를 내 맘대로 조종할 수 있게 되는 거죠.

그럼 이 책이 어떻게 구성되었는지 볼까요? 이 책은 모두 열 개의 장으로 되어 있습니다. 모든 읽기의 기초인 어휘와 개념을 공부하는 법, 문장들의 관계에서 문단으로, 그리고 한 단원 전체를 읽는 방법으로 이어집니다. 그림으로 나타낸 각 장을 한 눈에 보고, 사진을 찍듯 머릿속에 넣고 공부하기 바랍니다.

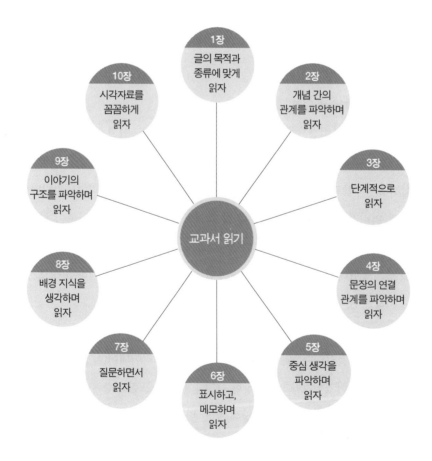

이렇게 읽자

이 책을 본격적으로 읽기 전에 더 효과적으로 읽는 방법을 알려드릴게요.

1. 순서에 관계없이 읽고 싶은 부분부터 마음껏 읽으세요.

공부 방법이 중요하다 해도 그것이 숙제처럼 느껴지거나 부담이 되면 안돼요. 책의 순서대로 보는 게 좋지만 언제든 내가 필요할 때 읽고 싶은 부분을 자유롭게 읽으세요.

2. 한 학기 예정으로 잡고 공부하세요.

이 책은 열 개의 장으로 되었습니다. 한 학기에 완벽하게 교과서 공부에 대해 알 수 있도록 한 겁니다. 중간시험과 기말시험 준비 등을 빼면, 일주일에 한 장씩 정도면 되겠죠?

3. 각 장을 읽을 때 읽기 요령을 두루 적용하세요.

이 책은 실천이 목적입니다. 이런 점에서 이 책의 각 장을 읽을 때에는, 앞장에서 공부한 요령을 직접 해보세요. 예컨대 개념 구조를 파악하는 방법을 익혔으면(2장) 다음 장을 읽을 때 같이 해보라는 것입니다.

4. 맨 뒤의 '확인해보자'는 필수, '함께 해볼까?'는 선택!

각 장 뒤에 나오는 '확인해보자'는 본문과 함께 해보세요. '함께 해볼까?'는 나중에 해도 좋아요. 꼭 하기만 한다면 말이죠. 문제 풀이는 책 맨 뒤의 Solution에서 확인하세요.

5. 은아와 지훈이는 여러분 자신, 혹은 여러분의 친구에요.

이 책에는 은아와 지훈이라는 학생이 등장합니다. 여러분이 은아나 지훈이라고 생각해도 좋아요. 교과서 공부와 관련해 고민이 되거나 궁금한 것은 이 두 명이 저와 같이 풀어나갈 겁니다.

6. 교과서 본문을 잘 이용했어요.

이 책에 나오는 교과서는 바로 발췌한 것도 있지만 읽기 편하도록 본문을 옮긴 것도 있어요. 교과서 내용을 요약·중략한 것은 출처를 밝혔고, 본문을 발췌해 사용한 것은 해당 페이지도 옆에 넣었습니다. 설명이 쉽도록 본문에 번호를 붙이기도 했습니다.

Contents

글의 목적과 종류에 맞게 읽자

지훈이는 소설책을 쉬는 시간마다 재미삼아 읽었습니다. 그리고 은아에게 빌려줬습니다. 하지만 은아는 그 글의 구성이나 내용을 가지고 논술 공부를 하기 위해 읽었습니다. 같은 글이지만 둘이 읽는 방법도 같을까요?

게임 한판 어때?

여러분은 친구와 놀이나 게임으로 내기를 해본 적이 있나요? 지은이는 학교 다닐 때 농구를 자주 했습니다. 특히 점심시간이면 친구들과 내기 농구를 했는데, 게임에 진 친구들에게 100원씩 걷어서 맛있는 아이스크림을 사먹었죠. 친구들과 함께 운동하는 것도 좋았지만, "오늘은 꼭 이겨야지" 하는 경쟁심에 매일같이 농구를 하게 되더군요. '이겨야겠다'는 목표가 생기니까 점심을 후다닥 먹고 바로 농구장으로 달려 나가게 되더라구요.

공부도 마찬가지입니다. 무엇이 학교 공부의 중심이지요? 바로 교과서이지요! 맞습니다.

혹시 교과서를 그냥 사물함에 넣고 수업 시간에만 꺼내 보고 있나요? 수업 시간에 선생님 말씀과 함께 공부하는 교과서보다 참고서나 문제집과 더 친한 친구들도 있을 거에요. 하지만 모든 문제집, 참고서는 바로 교과서를 기본으로 하고 있습니다. 내신이나 수능과 같은 중요한 시험도 그 기본은 교과서이기 때문이죠. 교과서를 착실히 공부했다면 통합되거나 응용된 문제를 푸는 능력이 생기거든요.

그럼 교과서를 어떻게 읽을까요? 혹시 아무 생각 없이 그냥 글만 주욱 읽어 내려가지는 않나요? 그렇게 읽다보면 이해가 쉽지 않을 테니 계속 같은 부분만 반복해 읽기도 하고요. 물론 능률도 오르지 않을 거에요. 그럼 학교에서 매일 보는 교과서를 '왜 읽는지' 한번 생각해 봅시다.

교과서에 실린 글을 읽을 때에도 목표를 분명히 하고 읽는 겁니다. 게임의 목표가 분명하면 더 재밌고, 또 어떻게 하면 게임을 잘 할 수 있을지 방법도 생기는 것처럼 말이죠. 목표를 분명히 하고 교과서를 읽으면 읽기의 초점이 분명해지고 내용 파악이 더 잘 될 테니까요. "글쓴이는 왜 이 글을 썼을까?" 를 생각하면서 읽어보세요. 그러면 글에서 하고 싶은 말이 무엇인지, 글쓴이의 생각을 더 잘 찾을 수 있겠지요. 이처럼 교과서를 읽을 때에도 목표를 세우고 시작하면 지금까지의 읽기와는 좀 달라질 거에요. 교과서 안에도 여러분이 발견할 수 있는 재미와 응용 요소들이 많이 숨어 있답니다. 이제부터 저와 그것들을 하나하나 찾을 겁니다.

남들과 같은 시간에 공부하지만 교과서를 읽는 방법을 알고 나면 그 효과는 매우 크답니다. 교과서 하나만 제대로 읽어도 달라지는 내 실력, 기대가 되지 않나요?

㉮글과 ㉯글은 생활 속에서 자주 접할 수 있는 형식의 글이지요? 그런데 두 글을 잘 살펴보면 표현하는 방법이 다르다는 걸 알 수 있습니다. 각각은 어떤 종류의 글일까요? ㉮글은 상품을 판매할 목적으로 쓴 광고문이고, ㉯글은 사실이나 정보를 전달하려고 쓴 기사문입니다. 교과서에는 다양한 종류의 글이 있는데, 글을 쓴 목적에 따라 크게 ① 정보를 알려주는 글, ② 설득하는 글, ③ 느낌을 표현한 글로 나눌 수 있습니다. 또 이것은 뒷장의 그림처럼 여러 가지 글의 갈래로 나누어집니다. 그러니 교과서 글을 읽을 때에는 글을 쓴 목적과 종류를 먼저 생각하는 습관을 가져야겠죠?

㉮

살아~ 살아~ 내 살들아, 사라져 다오!
뚱보라는 소리는 이제 그만!
드럼통 몸매는 이제 그만!
○○○표 다이어트가 살빼기 고민을 한 방에 풀어 드립니다.
12주 만에 백만 불짜리 몸으로 바꾸어 드리는
○○○표 다이어트.

㉯

온라인 시대 '종이 소비' 느는 까닭은

**정보 출력시켜 보관
'프린트 증후군' 때문**

컴퓨터와 인터넷 시대가 본격화하면서 사라질 것으로 전망했던 종이 소비가 오히려 꾸준히 늘고 있다.

특히, 복사기, 팩시밀리 등 정보 기기의 보급이 확대되고, 전자 결제든 인터넷이든 화면에 뜬 정보를 출력해 보관 또는 재확인하는 '프린트 증후군'의 영향으로 복사지, 프린터 용지의 소비는 눈에 띄게 증가하고 있다.

복사지의 국내 소비량은 지난 해 10만 8천 t 규모에서 올해는 이보다 10% 늘어난 11만 8천 t에 이르러 국내 시장 규모도 올해 1천억 원 선을 웃돌 것으로 전망되고 있다.

《생활국어1-2》106쪽

그럼, 교과서를 읽을 때는 어떻게 읽으면 될까요?

그 첫 단계는 읽고자 하는 글이 어떤 종류의 글인지를 생각해 보는 것입니다. 글의 전체 내용이 무엇을 목적으로 쓴 것인지 살펴봐야 한다는 것이죠.

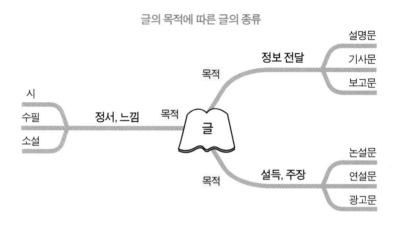

글의 목적에 따른 글의 종류

왜, 중요할까?

내공을 쌓아보자

교과서 공부 기술 중에서 가장 핵심이 되는 것이 바로 '읽기 기술'입니다. 이 책에서 계속 '읽자'는 얘기를 하는 것도 다 그 때문이죠. 초등학교 고학년부터 '읽기' 과목이 따로 있고, 중학교에서도 국어 과목에 '읽기' 영역이 따로 마련되어 있는 것에도 이런 이유가 있는 것입니다.

글을 쓰는 목적에는 여러 가지가 있습니다. 은아가 지훈이에게 메일을 쓸 때와 책을 읽고 독후감을 쓸 때는 목적이 완전히 다르겠죠?

초등학교 4학년 1학기 《읽기4-1》 교과서를 봅시다. 첫째 마당에 '글의 종류에 따라 읽는 방법이 어떻게 다른지 알아봅시다' 라는 소단원이 있어요. 글을 읽을 때에는, 글을 쓴 목적이 어떤 사실을 설명하는 것인지, 아니면 글쓴이의 주장이나 생각을 전하는 것인지 생각하면서 읽어야 합니다.

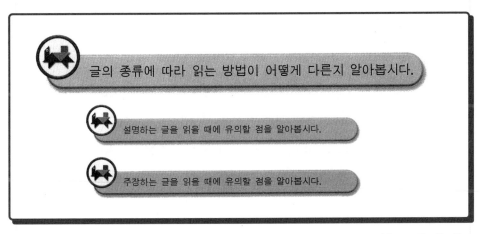

▲ 《읽기4-1》 14쪽, 18쪽, 20쪽

중학생이 되면 교과서에 실린 글의 종류에 따라 읽는 기술이 더 필요합니다. 초등학교에 비해 과목 수도 늘어나죠. 뿐만 아니라 글의 종류도 다양해지고 글이 더 길고 복잡해지기 때문이지요. 머리가 아프다고요? "초등학교 때부터 읽기 공부 좀 열심히 할 걸" 하고 후회도 된다고요?

하지만 결코 늦지 않았습니다. 우리는 하루에도 수없이 많은 글들을 접하고, 읽고 있지 않습니까? 게임 매뉴얼을 읽기도 하고 좋아하는 가수의 홈페이지에 가서 글을 살펴보기도 하잖아요? 어린 시절에 읽은 동화책으로, 초등학교 때 배운 교과서로 여러분은 읽기를 계속 해왔잖아요? 그때부터 지금까지 배운 읽기 기술은 아마 여러분 머릿속 어딘가에 잘 정리되어 있을 겁니다. 그리고 이 책을 펼친 순간부터 읽기 기술을 열심히 다지면 됩니다. 그것은 글의 목적과 종류에 맞게 읽는 데서부터 쌓이기 시작합니다.

잊지 말자! 중학교 교과서에 있는 모든 글은 정보를 알려주는 글, 설득하는 글, 아니면 느낌을 표현한 글 그 셋 중의 하나에 해당된다.

글아, 너는 왜 태어났니?

글의 목적에 따라 글의 종류(형식)이 달라지기 때문에, 글을 읽을 때에는 이것을 먼저 고려하고 읽으면 이해가 훨씬 잘 됩니다. 《국어 1-2》의 셋째 단원(판단하며 읽기) 98쪽을 보면 '사춘기'라는 같은 글감으로 된 세 종류의 글이 있습니다. 같은 글감이라도 글의 목적에 따라 읽는 방법을 달리해야 한다는 단적인 증거인데, 그 이유가 무엇일까요? 한마디로, 글의 목적에 따라 글의 주제, 중심 생각, 세부 내용이 달라지기 때문입니다.

만약 같은 글감으로 다른 목적의 글을 쓴다고 생각해 보세요. 글의 목적에 따라 글의 주제, 중심 생각, 세부적인 내용도 다릅니다. 그러니 교과서에 있는 글을 읽을 때 먼저 글쓴이가 글을 쓴 목적을 생각하면서 읽어보세요. 글의 주제나 중심 생각이 머릿속으로 더 빨리 들어옵니다.

읽기를 알면, 글쓰기도 알게 되고

정보를 전달하거나 설명하는 글은 글쓴이가 말한 내용이 사실인지, 아니면 의견인지를 구분하는 것이 중요합니다.

논설문 같이 다른 사람을 설득하는 글은 글쓴이의 주장이 무엇인지, 또 그

사실과 의견
장미 한 송이가 있다고 생각해 봅시다. 지훈이가 "저 장미는 빨갛다"고 말하는 것은 사실이고, 은아가 "저 장미가 예쁘지 않다"고 말하는 것은 의견이죠. 여기서 "예쁘지 않다"라는 의견에는 '잎이 시들어서'라든지, '가시가 많아서'라는 등의 그 이유가 있어야겠죠?

주장이 적절한 근거에 의해 뒷받침되고 있는지 살피는 것이 중요합니다. 그러니까 글의 목적과 종류에 따라 읽는 초점이 달라져야겠죠? 거리에 따라 망원경 초점을 다르게 맞추듯 글에 따라 보는 초점을 다르게 맞춰보는 겁니다.

이렇게 글의 종류에 따라 초점을 달리하면서 읽는 연습을 하다보면 여러분이 직접 글을 쓸 때도 글을 어떻게 구성해야 하는지 자연스럽게 알게 됩니다. 설명문을 쓸 때는 사실을 중심으로 쓰고 논설문을 쓸 때는 주장과 근거를 분명하게 표현하면 될 테고요.

잊지 말자! 읽을 때는 읽는 목적을 먼저 생각한다. 읽기의 초점을 알면, 내가 글을 잘 썼는지, 그렇지 않은지 스스로 확인하는 능력까지 생길 테고. 이게 바로 일석이조(一石二鳥)!!!

원리, 잡아보자

1. 사실과 의견은 어떻게 구분하나?

글의 목적에 맞게 읽는 첫 번째 방법은 일단 이 글이 사실인지 아니면 의견인지를 정확하게 구분하는 것입니다. 그럼 설명문이나 기사문 등 '정보를 전달하는 글' 과 논설문이나 연설문 등 '설득하는 글' 은 어떻게 구분하는지 정리해 볼까요? 정보를 전달하는 글은 사건이나 현상에 대해 사실을 알려주는 것에 목적이 있고, 설득하는 글은 타당한 근거를 가지고 글쓴이의 의견이나 주장을 다른 사람이 받아들이게 하는 데에 목적이 있습니다.

다음 문장들을 살펴볼까요?.

사실을 말하고 있는 은아	의견을 말하고 있는 지훈
• 식초의 주성분은 아세트산이다.	• 서울은 가장 아름다운 도시이다.
• 3.1운동은 1919년에 일어났다.	• 통일신라는 당과의 교류가 활발하였다. 공식 사절을 비롯하여 유학생, 승려, 상인 등의 왕래가 빈번해졌다.
• 물과 같이 다른 물질을 녹이는 물질을 용매라고 한다.	• 고구려의 가장 융성한 시기였다.
• 분자들 사이에 작용하는 인력은 물질의 상태에 따라 다르다.	• 사유재산제도는 가진 자에게 유리한 제도이다.
• 조선은 건국 후, 곧 도읍을 개경에서 한양으로 옮기고, 이를 한성부라 하였다.	• 자원의 희소성은 경제 문제가 발생하는 근본적인 요인이라고 할 수 있다.
• 1. 조선의 건국 /2. 물질의 움직임	• 작품은 작가의 우울한 기분을 드러내고 있다.

사실이란

1. 진실인지, 정확한 것인지를 객관적으로 증명할 수 있다.

예) 식초의 주성분은 아세트산이다.

2. 숫자, 통계, 날짜 등을 인용한다.

예) 3.1운동은 1919년에 일어났다.

3. 어떤 것을 정의하거나, 예를 든 것이다.

예) 물과 같이 다른 물질을 녹이는 물질을 용매라고 한다.

4. '~이다' 와 같은 단정적이고 지시적인 표현을 많이 쓴다.

예) 분자들 사이에 작용하는 인력은 물질의 상태에 따라 다르다.

5. 글쓴이의 주관이나 추측, 감정이 들어 있지 않다.

예) 조선은 건국 후, 곧 도읍을 개경에서 한양으로 옮기고,

　　이를 한성부라 하였다.

6. 제목을 객관적이고 중립적으로 쓴다.

예) 1. 조선의 건국, 2.물질의 움직임

의견이란

1. 객관적으로 정확성을 증명하기가 쉽지 않다.

예) 서울은 가장 아름다운 도시이다.

2. 뒷받침 되는 내용이 타당해야 한다.

예) 통일신라는 당과의 교류가 활발하였다. (의견)

　　공식 사절을 비롯하여 유학생, 승려, 상인 등의 왕래가 빈번해졌다. (뒷받침 내용)

3. '더 많은', '더 좋은', '가장' 등 비교 표현을 많이 쓴다.

예) 고구려의 가장 융성한 시기였다.

4. 가치 판단, 평가, 느낌 등 주관적으로 표현한다.

예) 사유재산제도는 가진 자에게 유리한 제도이다.

5. 덜 단정적이고 암시적이며, '~처럼', '~보인다', '~일 것이다', '아마도' 등과 같은 예측하는 동사나 부사를 많이 쓴다.

예) 자원의 희소성은 경제 문제가 발생하는 근본적인 요인이라고 할 수 있다.

6. 정서나 감정을 나타내는 언어를 사용한다.

예) 작품은 작가의 우울한 기분을 드러내고 있다.

7. 글쓴이의 성격, 배경, 경험의 영향을 받는다.

예) 휴가지로 가장 좋은 곳은 해수욕을 즐길 수 있는 동해안이다.

여기서 은아가 말한 '사실'과 지훈이가 말한 '의견'을 몇 가지 비교해 보면 사실과 의견의 차이를 더욱 확실히 알 수 있죠. 은아가 '식초의 주성분은 아세트산이다'라고 사실을 말했습니다. 그런데 '식초는 맛이 시어서 많이 먹으면 몸에 안 좋을 것 같다'고 말했다면 이것은 의견이죠. 또 '서울은 가장 아름다운 도시이다'라는 의견을 말했던 지훈이가 '서울은 대한민국의 수도이다'라고 했다면 이는 사실을 말한 것이고요. 이제, 사실과 의견을 구분할 수 있겠죠?

그럼, 사실과 의견이 들어 있는 글을 살펴볼까요?

2. 사실과 의견만 구분하면 될까?

사실 부분

어떤 단체에서 조사한 자료에 의하면, 혼례 문화에 대해 어떻게 생각하는지 질문한 결과, 혼례 문화 전반에 대해 응답자의 77.8%가 '허례허식적'이라고 응답했다. 또, '결혼식은 성대하게 치러야 한다.'라는 설문에 대해 61.5%가 "그렇지 않다", 12%는 "그렇다"라고 답해 응답자의 상당수가 호화 결혼식을 부정적으로 생각한다는 것을 알 수 있었다. 그리고 "결혼식 축의금 관행은 반드시 있어야 한다."는 설문에 대해 38.3%는 "그렇지 않다", 26.9%는 "그렇다"라고 답해 축의금 관행에 관해서는 긍정보다 부정적인 생각이 상대적으로 많았다.

〈도덕3〉 150쪽

의견 부분

이제 이러한 혼례 문화를 바꿔야 한다. 축의금 대신 자신이 아끼던 물건을 신랑, 신부에게 선물로 주거나, 친척이나 가까운 사람들만 모여 자신들이 준비해 온 음식으로 손님을 맞이하는 등 건전한 혼례 문화를 만들기 위한 노력들이 전개되어야 하겠다.

지훈 : 그런데 우리가 읽는 글에는 정보를 전달하는 글과 설득을 위한 글만 있지는 않잖아요?

은아 : 또 정보를 전달하는 글에는 사실만 있고, 설득하는 글에는 의견만 있

는 것 같지 않아요. 글 하나에는 복잡한 여러 요소가 있는 것 같아요.

글은 문장들로 이루어져 있죠? 물론 하나의 짧은 문장은 사실이나 의견으로 확실히 구분되지만, 여러 문장들이 모여 있는 하나의 글에는 사실도 있고 의견도 있습니다. 두 친구의 의문처럼 정보를 전달하는 글은 사실을 바탕으로 쓰였지만 항상 사실인 문장만 들어 있는 것은 아니죠. 사실을 바탕으로 해서 글쓴이의 의견이나 주장을 함께 나타낸 경우가 더 많거든요.

다른 사람을 설득하는 글도 마찬가지입니다. 객관적인 사실을 바탕으로 글쓴이의 의견이나 주장을 나타내고 있으니까요.

글의 정체를 파악하기

1 글쓴이의 의견이나 주장은, 정보 전달의 글이나 설득하는 글을 가리지 않고 나온다.

2 정보를 전달하기 위한 글은, 의견보다는 사실이 중심이다.

3 설득하는 글에는, 의견에 대한 근거가 든든하게 뒷받침하고 있다.

4 대부분의 글에는 대개 사실—의견—근거가 다 들어 있다고 생각하자. 물론 사실과 의견 중 하나가 없기도 하다.

5 사실—의견—근거의 순서는 정해진 것은 아니다.

정보를 전달하기 위한 글		
사실	의견 · 주장	근거
	설득하기 위한 글	

그림을 정리하면, 정보를 전달하고자 하는 글은 사실과 의견을 잘 살피면서 읽어야 하고, 설득하고자 하는 글은 사실에 대한 글쓴이의 의견과 근거가 잘 어울리는지 살펴봐야겠죠? 또 위의 표에는 정보를 전달하기 위한 글에 사실과 의견만 포함되어 있지만 사실-의견-근거가 나 들어 있는 경우도 있습니다. 왜냐고요? 어떤 의견에는 거기에 타당한 근거가 있어야 하니까요.

아래 글을 찬찬히 읽어보세요.

> "① 1960년대 이래 산업화와 도시화의 영향으로 식생활이 채식 위주에서 육식 위주로 바뀌었다. ② 국민 건강이나 한국인의 전통적인 기질(氣質)과 체질(體質)을 고려한다면, 육식 위주의 식생활은 결코 바람직하지 않다.(중간 생략) ③ 수백만의 사람들이 동물성 지방을 지나치게 섭취하여 심장병, 뇌졸중, 암과 같은 병으로 죽어 가고 있다."

▲ 《국어 1-2》 25~26쪽

자, 먼저 문장 하나하나를 살펴볼까요? 이 글에서 ①은 사실에 대한 설명입니다. ②는 글쓴이의 의견(주장)이고 ③은 의견에 대한 근거라는 것, 파악할 수 있나요? 그럼, 이제 글 전체를 보면서 어떤 종류의 글인지 살펴봅시다. 사실에 관한 정보를 전달하는 데 목적이 있는 기사문입니다. 정보를 전달하

의견(주장)의 근거
사실과 통계, 개인적 경험, 전문가적 입장, 목격(증언), 역사적 사실, 비유, 일반 상식 등이 근거가 될 수 있죠. 그렇지만 '식초가 맛이 없다' 거나 '서울에는 나쁜 사람이 많다' 와 같은 개인적인 편견이나 선입견은 타당한 근거가 될 수 없겠죠?

는 글 속에 사실-의견-근거가 다 들어 있는 좋은 예입니다.

3. 글은 어떻게 짜여져 있을까?

글을 짠다는 것은 자신이 설명하려는 내용이나 주장이 잘 전달되도록 '글을 어떻게 구성할까' 하고 생각해보는 겁니다. 짝사랑하는 친구한테 메일을 쓰거나 좋아하는 가수에게 팬레터를 보낼 때도 '어떻게 쓸까' 를 고민하듯이 말입니다. 글의 종류에 따라 글을 짜는 방식이 약간 다르지만 대개 세 가지로 구성된다고 할 수 있습니다. 그러니 읽으려고 하는 글이 어떻게 짜였는지 잘 알면 이해력이 높아지고, 각 부분에 어떤 내용을 담고 있는지 알아두면 나중에 글을 쓸 때에도 도움이 되겠죠?

설명문 짜임

① 머리말 - 설명하려는 대상을 소개하고, 글을 쓰는 목적을 쓴다. (처음)
② 본　문 - 설명하려는 대상을 알기 쉽게 풀어 쓴다. (중간)
③ 맺음말 - 설명한 내용을 요약 정리하거나 글쓴이의 생각을 덧붙이면서
　　　　　글을 마친다. (끝)

《국어 1-2》의 셋째 단원에 실린 '우리 꽃 산책' 의 짜임을 보고 설명문의 구성을 이해해 볼까요? 일단 각자 해보고서 다음 내용과 비교해 보면 더 좋겠죠? 큰 구조를 찾아내는 것이니 어렵지 않을 거예요.

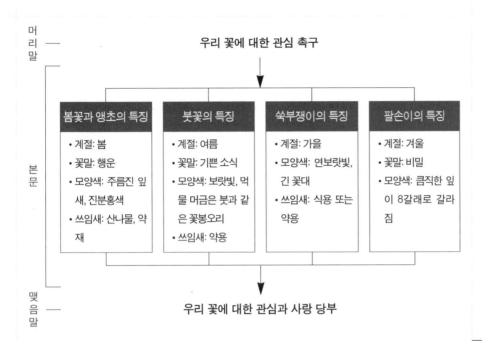

머리말 —

본문

맺음말 —

우리 꽃에 대한 관심 촉구

봄꽃과 앵초의 특징	붓꽃의 특징	쑥부쟁이의 특징	팔손이의 특징
• 계절: 봄 • 꽃말: 행운 • 모양색: 주름진 잎새, 진분홍색 • 쓰임새: 산나물, 약재	• 계절: 여름 • 꽃말: 기쁜 소식 • 모양색: 보랏빛, 먹물 머금은 붓과 같은 꽃봉오리 • 쓰임새: 약용	• 계절: 가을 • 모양색: 연보랏빛, 긴 꽃대 • 쓰임새: 식용 또는 약용	• 계절: 겨울 • 꽃말: 비밀 • 모양색: 큼직한 잎이 8갈래로 갈라짐

우리 꽃에 대한 관심과 사랑 당부

기사문 짜임

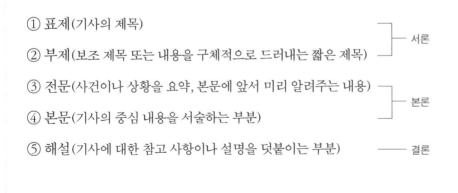

① 표제(기사의 제목) ┐
② 부제(보조 제목 또는 내용을 구체적으로 드러내는 짧은 제목) ┘ — 서론

③ 전문(사건이나 상황을 요약, 본문에 앞서 미리 알려주는 내용) ┐
④ 본문(기사의 중심 내용을 서술하는 부분) ┘ — 본론

⑤ 해설(기사에 대한 참고 사항이나 설명을 덧붙이는 부분) —— 결론

기사문의 구성
① 누가(Who, 주체)
② 언제(When, 시간)
③ 어디서(Where, 장소)
④ 무엇을(What, 사건)
⑤ 왜(Why, 원인)
⑥ 어떻게(How, 방법)

기사문 구성은 언뜻 보면 복잡해 보이죠? 하지만 ①과 ②는 서론, ③과 ④는 본론, 그리고 ⑤는 결론에 해당되니까, 역시 3단계 구성인 셈이지요.

표제

훈민정음 완성되다

부제

28자의 자모음 체계, 누구나 쉽게 문자 혜택

일부 지식인들 반대 상소… 전면 보급에도 시일 걸릴 듯

전문

1446년 9월, 우리도 우리말을 정확히 표기할 수 있는 문자를 비로소 가지게 되었다. 지난 1443년, 세종의 주도로 만들어졌던 우리 글자 훈민정음(訓民正音)이 3년간의 검토 과정을 거쳐 전국에 반포된 것이다.

본문

28자의 자모음 체계로 구성된 훈민정음은 우리말을 가장 자연스럽게 표현할 수 있는 과학적인 문자이다. 이 새 문자는 소리나는 대로 쓸 수 있기 때문에 한문보다 익히기가 훨씬 쉬워, 많은 백성들이 이 문자의 혜택을 누릴 수 있게 될 전망이다.

세종은 훈민정음 서문을 통해 "나라말이 중국과 달라 어리석은 백성들이 말하고 싶은 것이 있어도 제 뜻을 펴지 못하는 사람이 많다. 내가 이를 딱하게 여겨 새로 28자를 만들었다."라고 훈민정음 창제의 취지를 밝혔다.

해설

조정은 현재 시가(詩歌)와 각종 경서를 훈민정음으로 번역하여 백성들에게 보급 중인데, 특히 여성층과 서민들의 호응도가 높은 것으로 알려지고 있다. 그러나 최만리, 김문 등 상당수 관리들은 "중국과 다른 문자를 만드는 것은 사대(事大)의 예에 어긋나며, 스스로 오랑캐가 되는 것"이라며 훈민정음의 보급을 탐탁지 않게 생각하고 있어 전면적인 보급에는 다소의 어려움이 따를 것으로 보인다.

논설문 짜임

① 서론 – 글을 쓰는 이유와 목적을 밝힌다. 즉 왜 쓰는지, 무엇 때문에 쓰는지를 말한다. 또는 문제를 제기하고, 그 배경을 밝히거나 글쓴이의 주장을 미리 밝히기도 한다.

② 본론 – 주장을 뒷받침하는 근거를 제시하고 글쓴이의 주장을 이어간다.

③ 결론 – 글을 끝맺는 부분으로, 글쓴이의 주장을 마무리하여 강조하거나 지금까지 한 말을 요약한다. 제기한 문제에 대한 해결 방안을 제시하거나 격려, 당부의 말을 덧붙이기도 한다.

뒷장의 예는 《국어 1-2》에 나오는 '최만리의 반대 상소' 글입니다. 이 글을 논설문의 짜임새로 나눠 봤어요.

어떤 식으로 짜여져 있는지 잘 보이나요? 어떤 종류의 글이든 3단계 구성으로 나눌 수 있으니 어렵게 생각하지 마세요.

《국어 1-2》102쪽

서론

감히 말씀드리고자 합니다.

본론

우선, 우리는 예로부터 중국의 제도를 본받아 실행해 왔습니다. 그런데 그와 아무 관련이 없는 새 글자를 만든 것은 학문에도, 정치에도 그와 아무 유익이 없을 줄 압니다. 더구나 글자 제정은 의견을 두루 청취하면서 시간을 두고 가부를 논해야 마땅한데도 너무 성급하게 결정했습니다. 혹시라도 중국측에서 시비를 걸어 올까 두렵습니다.

주변국들이 제 글자를 가지고 있다고 하나, 그들은 모두 오랑캐입니다. 더구나 이미 우리는 이두라는 문자를 가지고 있습니다. 이두는 반드시 한자를 익혀야 쓸 수 있기에 오히려 학문에 도움이 됩니다. 만약, 관리들이 쉽게 언문만 익히게 된다면, 결국에는 한자를 아는 이가 없어질 것입니다. 지금 할 일이 태산같이 많은데 어찌하여 급하지도 않은 언문을 익히는 일에 부담을 주시는지 이해할 수 없습니다.

결론

언문이 비록 유익하다고 할지라도 한낱 기예에 불과합니다. 학업에 정진하고 정신을 연마해야 할 어린 왕자들과 유생들이 시간을 허비해 기예 익히기에만 몰두한다면 이는 크나큰 국가적 손실입니다. 감히 고하오니 부디 헤아려 주시옵소서.

4. 설명하는 글, 그림을 잘 보면 이해 백배

사회, 과학, 국사, 기술·가정 등 설명문이 많은 교과서를 볼까요? 많은 부분에서 내용을 쉽게 이해하도록 지도, 사진, 그림, 표 등이 함께 나와 있습니다. 글의 내용을 이해하는데 도움이 되려고 하는 것이죠. 그런데 글을 읽으면서 이런 시각 자료에 주의를 기울이지 않고 대충 넘어가는 친구들이 꽤 많더군요. 하지만 그래서는 곤란하지요.

그림이나 표, 실험 과정 등 시각 자료는 교과서를 보다 쉽고 효과적으로 이해할 수 있는 유용한 도구입니다. 마치 보물을 찾을 때 보물이 있는 곳의 그림지도를 들고 찾으면 쉽게 찾을 수 있는 것처럼 말이죠. 한번 꼼꼼히 살펴보세요. 이런 습관이 왜 중요한지 직접 확인해 볼까요?

뒷장에 제시된 교과서 부분을 볼까요? 먼저, 왼쪽에 있는 그림을 손으로 가리고 오른편의 줄글을 읽어봅니다. 그런 다음 손을 떼고 글을 읽은 후 읽은 내용을 떠올리면서 그림을 찬찬히 살펴보세요. 반대로, 그림을 먼저 살펴본 후에 줄글을 읽을 수도 있습니다. 어떤가요? 차이가 느껴지나요? 어떤 순서로 읽든 줄글 옆에 있는 표나 지도, 그림 등을 보면서 읽는 것과 글자만 읽는 것에 분명 차이가 있을 겁니다. 시각 자료를 소홀히 하면 읽기의 이해력을 높일 수 없다는 사실, 절대로 잊지 마세요.

시각 자료 읽기
교과서 글을 읽을 때 줄글과 함께 제시된 시각 자료를 읽는 기술은 10장에서 더 자세하게 공부하게 된답니다.

그림	줄글

《과학2》 131쪽 두산

근시   근시의 교정
오목 렌즈

원시   원시의 교정
볼록 렌즈

눈의 이상을 교정하는 원리

근시는 안구의 길이가 길거나 수정체가 두꺼워 먼 곳에 있는 물체의 상이 망막 앞에 맺힌다. 그러므로 근시안은 오목 렌즈 안경으로 교정한다.

원시는 안구의 길이가 짧거나 수정체가 얇아서 가까이 있는 물체의 상이 망막의 뒤쪽에 맺히기 때문에 가까운 곳의 물체를 뚜렷하게 보지 못한다. 그러므로 원시안은 볼록 렌즈 안경으로 교정한다.

난시는 각막이 매끄럽지 못하여 빛이 이상 굴절하는 경우이며, 안경으로 어느 정도 교정이 가능하다.

5. 융통성 있게 읽자

1장의 처음(제목 밑)에 나온 얘기를 떠올려 봅시다. 은아와 지훈이는 각각 다른 목적으로 책을 읽었죠? 은아처럼 논술 실력을 쌓으려고 읽을 경우에는 재미삼아 읽을 때보다 더 꼼꼼히 읽어야 하겠지요. 글을 읽는 목적이나 의도에 따라 읽기의 방법은 달라져야 합니다. 또 그래야 좋은 읽기인 것이죠.

같은 글이라도 읽는 목적이나 상황에 따라 다르게 읽는 것을 '융통성 있는 글 읽기'라 합니다. 재미나 기분전환을 위해서 읽는 지훈이와 논술 공부를 위해 읽는 은아의 입장 중 하나가 되어 생각해 봐도 좋습니다.

융통성 있게 글을 읽으려면

1. 왜 이 글을 읽어야 하지? – 예습하려고, 시험을 준비하려고, 토론을 준비하려고 등

2. 어디에 초점을 두고 읽어야 할까? - 내용을 완전히 파악하려고, 개념을 이해하려고, 일의 순서나 절차를 알려고, 중심 내용을 찾으려고, 이야기의 전개와 인물을 이해하려고 등

3. 읽고 나서 무엇을 기억해야 하지? - 구체적인 사실, 글쓴이의 견해나 의도, 사건의 흐름, 원인과 결과 등

4. 어떤 방법(속도)으로 읽어야 하지? - 자세히 읽기, 건너뛰며 읽기, 빠르게 읽기 등

6. 훑어읽기를 알고 있니?

지훈 : 그런데 주변에 읽을거리들이 너무 많아요. 그것들을 모두 자세히 읽을 수는 없을 것 같아요.

은아 : 그러니까 어떤 글은 빠르게 읽어야 하고, 어떤 글은 차근차근 읽어야겠죠?

지훈 : 글에 따라 다르게 읽는 방법이 필요할 것 같아요.

아마 주변에 읽을거리가 수없이 널려 있어서 머리가 어지러울 거예요. 무엇을 읽어야 하는지, 그 많은 것을 다 읽으면서 내용을 어떻게 파악하는지 골치 아프겠죠. 하지만 모든 내용을 다 자세히 읽을 필요는 없지요. 글의 종류나 내용, 또 이 글을 왜 읽는지에 따라 다르게 읽어야 해요. 요즘에는 빨리 읽는 것이 중요하다는 사람도 있지만 그러면서 내용을 제대로 이해하지 못하

면 곤란하겠죠? 읽는 속도와 글에 대한 이해력, 이 두 가지를 한꺼번에 잡는 읽기 기술이 바로 훑어읽기(skimming reading)입니다.

훑어읽기란, 글을 가로질러 시선을 재빨리 옮기면서 특정 부분에만 집중해서 빠른 속도로 읽는 것입니다. 이 때는 전체 내용을 어느 정도 읽기는 하지만, 모든 내용을 자세하게 읽지는 않습니다. 중심 생각을 찾거나 핵심 개념의 의미를 재빨리 파악하는 읽기 방법입니다.

교과서를 읽을 때 훑어 읽는 요령을 잘 알면 시간은 적게 들이면서도 중요한 내용은 빠짐없이 파악할 수 있겠죠? 꿩도 먹고 알도 먹는 절차를 볼까요.

훑어읽기를 잘 하려면

1. 단원의 제목이나 소제목, 그림이나 사진, 표 등을 미리 읽어본다.

2. 읽을 내용을 예상해보고, 읽는 목적(초점)을 정한다.

3. 전체 페이지를 가로질러 시선을 이동하면서 되도록 빨리 읽는다.

4. 핵심어(명사, 단어 등)에 주의를 기울인다.

5. 필요한 내용을 찾으며 읽는다. 그 부분은 가급적 천천히 읽는다.

6. 한 페이지, 또는 한 문단을 다 읽었으면 잠시 중단하고, 읽은 내용의 요점을 작은 소리로 말해보거나 종이에 간단히 써본다.

훑어읽기는 나중에 자세하게 읽을 것을 염두에 두고, 소제목 등을 미리 훑어볼 때에 적용할 수도 있습니다. '3장 단계적으로 읽자'에 소개한 SQ3R의 첫 단계인 훑어보기(Survey)가 그것이지요. 또, 이미 읽은 자료에서 특정 정보를 찾거나 빈 칸을 메우기 위한 '다시 훑어읽기'가 있답니다. 긴 지문을 읽고, 문제를 풀 때에 적용하면 좋겠죠?

그런데 훑어읽기를 할 때 꼭 유의해야 할 게 있죠. 긴너뛰며 읽기(skipping reading)와 혼동해서는 안 된다는 겁니다. 건너뛰며 읽기는 필요한 정보에만 집중해 빠르게 읽는다는 점에서는 훑어읽기와 같지만, 중간 중간의 내용을 아예 읽지 않고 껑충껑충 뛰어넘어 읽는 것이지요. 스포츠 기사는 이렇게 읽어도 되지만 교과서는 그렇게 해서는 안 되겠죠?

이제 글을 읽을 때 무작정 읽는 것이 아니라 글에 따라 조금씩 방법을 바꿔주는 센스가 필요해요.

은아 : 글을 읽을 때는 먼저 사실인지, 의견인지 구분해야 돼요.

지훈 : 하지만 글 속에는 사실과 의견이 섞여 있는 경우도 많으니까 이 점을 잘 살펴봐야 돼요.

은아 : 설명문이든, 기사문이든, 논설문이든 글의 목적에 맞게 그 단계에 따라 글을 짜보면 글을 읽을 때도 훨씬 도움이 돼요.

지훈 : 그림이나 도형은 낙서나 색칠공부 하기 좋다고만 생각했는데, 글 읽는데 얼마나 도움이 되는치도 알았어요.

은아 : 글은 무엇 때문에 읽는지에 따라 읽기 방법이 달라지니까 무엇보다 내가 글을 왜 읽는지부터 생각해야 할 것 같아요.

01

1. 정보를 전달하는 글(설명문·기사문 등)을 읽을 때는 무엇이 사실인지부터 생각하면서 읽고, 설득하는 글(논설문·연설문)은 글쓴이의 의견이나 주장, 그리고 그것의 근거를 살펴야 한다. (예, 아니오)

02

2. 정보를 전달하는 글이든 설득하는 글이든, 사실-의견-의견의 근거가 어디에 있는지 파악하면서 읽는 것이 글 이해에 도움이 된다. (예, 아니오)

03

3. 아래 내용 중에 <u>의견이 아닌 것</u>을 고르세요.
　① 미국은 우리나라와 가장 친한 나라이다.
　② 삼국이란 고구려, 백제, 신라를 말한다.
　③ 우리는 인간주의적 도덕성을 잃지 않도록 노력해야 한다.
　④ 담의 높이는 이웃에 대한 우리의 무관심을 높일 수 있다.

04

4. 같은 글이라도 읽는 사람이 왜 이 글을 읽어야 하는지, 어디에 초점을 두고 읽어야 하는지, 얼마나 빠르게 읽어야 하는지를 정하고 읽어야 하는데, 이를 (　　　　　　　) 있는 글읽기라고 한다.

05

5. 글을 쓴 목적과 글의 종류에 알맞게 읽으면 좋은 이유를 두 가지 이상 생각해 봅시다. 친구와 함께 하나의 책을 가지고 의견을 나눠 봐도 좋겠네요.
　①
　②

함께 해볼까?

앞에서 글을 쓴 목적과 종류에 따라 읽는 요령을 공부했습니다. 원리를 꼼꼼히 공부했으니 이제 스스로 실천할 차례입니다. 1장 내용 중에, 성적을 쑥쑥 올리려면 무엇이 가장 중요한지 잠깐 생각해 봅시다.

STEP 1

교과서에서 따온 세 개의 글을, 원문자 표시한 문장에 주목하여 읽어봅시다.
서로 어떤 차이가 있는 글인지 적어봅시다.

《도덕1》 242쪽

1 ① '인간(人間)' 이라는 글자를 풀이해 보면 '사람과 사람 사이' 라는 뜻이다. 사람은 혼자 생활하는 것이 아니라, 다른 사람과 관계를 맺어야 사람답게 살 수 있다는 뜻이다. ② 즉, 사람은 함께 살면서 서로 도움을 주고받을 때 더 인간다운 삶을 살 수 있다.

《도덕2》 127쪽

2 ① 가까운 거리를 이동할 때에는 자동차보다 자전거를 이용하거나 걷는 것이 여러 면에서 유익하다. ② 한 대의 자동차를 만드는데, 그리고 그 자동차를 운행하는 데 소요되는 자원의 낭비도 엄청날 뿐만 아니라, 이산화탄소의 방출은 지구 온난화 현상을 초래하고, 염화플루오르탄소는 오존층의 파괴를 가져오고 있다.

《도덕2》 121쪽

③ **경제 성장과 소비문화** ① 에스파냐는 17세기에서 19세기에 이르는 약 300년 동안 전세계 면적의 20분의 1의 영토를 차지한 막강한 나라였다. ② 그러나 20세기 초 영국, 독일, 프랑스 등 주변 국가의 국민들이 새로운 세기의 역사를 창조하려고 합심하여 힘을 기울일 때, 에스파냐 국민들은 물질 문명의 타락 속에서 방종과 나태, 사치와 낭비를 일삼았기 때문에 후진국으로 전락하게 되었다. ③ 19세기 말, 에스파냐는 연간 공휴일이 280일이나 되었고, 한 달 이상을 거리에 나와 춤추며 끝없이 즐기는 사육제로 보냈다. 젊은 이들도 일할 생각은 하지 않고 거리를 누비며 흥청거렸다.

아래 글은 어떤 현상을 설명하는 데 목직이 있는 글입니다.

'용두사지 철당간'은 1962년 12월 20일에 국보 제 41 호로 지정되었다. '용두사지 철당간'이 위치한 곳은 충청 북도 청주시 상당구 남문로 2 가 48-19 번지이다. 지금 이 곳 주변에는 크고 작은 건물이 즐비하게 늘어서 있다.

'용두사지 철당간'은 두 개의 화강암 지주와 20 개의 철통으로 이루어져 있다. 당간의 밑에서 셋째 단에는 그 조성 연도(고려 광종 13년, 962년)가 새겨져 있다. 그러나 당간이 위치했던 용두사의 규모 및 창건 연대 등은 정확히 알 수 없다.

'용두사지 철당간'의 지주는 화강석재로 높이가 4.2 m이다. 철당간의 높이가 12.7 m, 철통의 높이가 0.63 m, 철통의 지름이 0.4 m이다.

사람들은 우리 나라의 귀중한 국보가 이렇게 도시 한복판에 있다는 것에 의아해할지도 모른다. 도심 속에 우뚝 솟아 옛 모습을 간직하고 있는 '용두사지 철당간'을 사람들에게 널리 알리고 보호하는 일에 관심을 가져야 할 것이다.

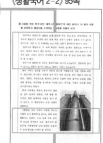

〈생활국어 2-2〉 95쪽

Q1. 설명문은 어떻게 구성되는지 적어봅시다.

Q2. 무엇에 대한 글인가요?

Q3. 글쓴이의 생각은 무엇인가요?

개념 간의 관계를 파악하며 읽자

아기가 가장 먼저 하는 말은 '엄마', '맘마'와 같은 단어죠? 단어는 말의 기본이 되면서 읽기에 있어서도 가장 바탕이 되는 요소랍니다. 글을 읽을 때 개념을 제대로 모른다면 곤란한 일이 생길 수 있으니까요. 바로 다음의 얘기처럼 말입니다.

국군 장병 아저씨, 명복을 빌어요

국군 아저씨에게 위문편지를 써본 적 있나요? 요즈음은 학생들이 군인 아저씨들에게 위문편지 쓰는 일이 거의 없더군요. 하지만 지은이가 국민학교 (지금은 초등학교죠), 중학교에 다닐 때는 학생들이 나라를 지키는 군인들에게 위문편지라는 걸 썼습니다. 그때 일 중 잊지 못할 사건 하나가 있었죠.

한 친구가 편지를 끝마치면서 "국군 장병 아저씨, 명복을 빕니다"라고 썼습니다. 그 친구는 명복(冥福)에도 '복(福)'이라는 말이 들어 있으니 좋은 뜻이라고 생각했던 것입니다. 다행히 담임선생님이 학생들의 편지를 하나하나 꼼꼼히 살펴보았기 망정이지 그냥 부쳤더라면 어땠을까요? 편지를 받은 국군 아저씨가 얼마나 놀랐겠어요? 하마터면 멀쩡한 군인 아저씨를 죽은 사람으로 만들 뻔 했네요. 이렇게 단어 하나를 제대로 아는 것이 의사 표현에 기본적인 중요한 요소입니다. 이것이 지식의 바탕이 되고 글의 기본이 되는 겁니다. 교과서를 공부할 때도 마찬가지입니다. 단이니 개념을 이해하는 것은 교과서 공부의 시작이자 중심이라고 할 수 있어요.

교과서 보기

다음은 중학교 2학년 과학교과서의 '자극과 반응' 단원의 일부를 옮긴 것입니다. 단원에 나온 중심 개념들과, 개념들이 서로 어떻게 연결되어 있는지 한 눈에 정리하는 개념도(槪念圖, concept)입니다.

이렇게 과학 교과서에는 매 단원 공부한 내용을 시각적으로 요약하도록 '개념도 만들기' 코너가 있더군요. 이 개념도는 과학뿐만 아니라 사회과목에서도 응용되고 있어요. 교과서를 만드는 사람들이 왜 이런 코너를 만들었을까요? 교과서를 읽고 이렇게 정리하면 어떤 좋은 점이 있을까요?

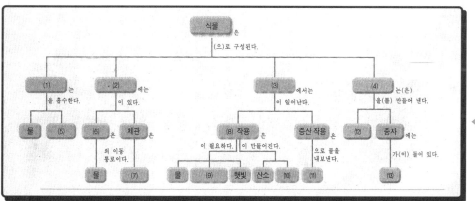

《과학2》 125쪽 두산

왜, 중요할까?

손발이 척척‼ 빛의 속도로 읽는다

톡톡토도독.....!!!!

'문자 메시지 빨리 보내기'라는 대회가 있더군요. '엄지왕 선발대회'라고도 하는데, 160자를 42초 안에 보내는 정도니 이 정도가 최고 속도라고 한다면 눈에 보이지 않을 만큼 빨리 보내는 것이죠. 엄지왕만큼은 아니지만 여러분 거의 대부분이 휴대전화뿐 아니라 컴퓨터 자판을, 손가락 놀림이 보이지 않을 만큼 빠르게 치는 것에 익숙할 겁니다. 심지어 휴대전화는 메뉴를 보지 않고도 누르더라고요. 컴퓨터 자판에 손가락을 대면 어디에 어떤 글자가 있는지, 휴대전화의 버튼을 어떤 순서대로 눌러야 전화를 할 수 있는지 그 기능이나 절차를 완벽하게 익힌 것이죠. 거의 무의식적으로 처리하는 달인의 경지에 이르렀다고나 할까요? 이를 자동화(automaticity)라고 하죠. 그리고 이것은 교과서 공부에도 그대로 적용할 수 있답니다.

읽기 기술에서의 '자동화'는 영어 단어, 국어 낱말, 과학 용어 등 어휘 지식을 풍부하게 아는 것에서 시작합니다. 교과서를 읽을 때 모르는 단어가 없어 물 흐르듯이 자연스럽게 잘 읽히는 상태가 되는 것이죠. 그러면 더 빨리 읽게 되고, 이해도 훨씬 잘 될 수밖에 없습니다. 어떤 과목이든 단어나 개념 지식이 풍부해야 합니다. 그러면 머리와 눈과 책 넘기는 손의 삼박자가 척척 맞아 읽기가 자동으로 되는 경지에 이를 수 있겠죠? 바로 이것이 공부의 효율을 높이는 비법이기도 하고요.

수학도 개념 먼저!
구구단을 외우거나 쉬운 사칙연산(+−×÷)조차 머릿속에서 자동적으로 처리하지 못하면, 간단한 수학문제를 푸는 데에도 많은 시간이 걸리지 않겠어요?

고등학교에 가도 문제없다

단어나 개념을 아는 것은 읽기 기술을 높이는 기본이며 '실력' 그 자체라고 할 수 있습니다. 왜 글을 쓸 때 많이 경험하잖아요. 어휘 실력이 부족하면 아무리 좋은 아이디어가 있어도 멋진 문장으로 표현해내기는 어렵습니다.

솔직히 말하자면 대학생들도 중·고등학교 교과서에 있는 아주 기초적인 개념조차 모르는 경우가 많답니다. 중·고등학교 때에 제대로 공부했어야 했는데 말이죠.

단어나 개념에 대한 이해는 기본 중의 기본이지만 이것을 잘 못하면 좋은 성적을 받을 수가 없습니다. 고등학생, 대학생이 되어서도 반드시 공부에 어려움이 생겨요. 중학교 때 배우고 경험한 단어, 개념, 전문 용어들이 고등학교에 가서도 교과서에 다시 등장하고, 대학에 가서도 또 반복해서 나오기 때문입니다. 그러니까 중학교 때부터 교과서에 나오는 개념을 정확하게 파악하는 것이 필요합니다. 실력은 자고 일어나니 갑자기 생긴다거나 고등학교에 올라가면 갑자기 생기는 것이 아니니까요.

'수포(水泡, 물거품)로 돌아갔다'를 '숲으로 돌아갔다'고 쓴 고 1학생, '문외한(門外漢, 어떤 일에 전문적인 지식이 없는 사람)'을 '무뇌한'으로 말하는 중학생 등, 개념을 잘 모르는 학생들이 많습니다. 미적분을 못 푸는 공대생을 비롯해 대학생들의 기본 실력 측정 결과가 평균 이하가 나온 경우도 있었죠. 과목별로 교과서에 나오는 어휘나 개념만을 따로 모아 정리한 책이 많이 나오는 것도 이러한 이유들 때문입니다.

원리, 잡아보자

1. 개념은 어떻게 읽으면 되나?

개념(槪念, concept)은 어떤 사물이나 현상에 대한 일반적인 뜻이나 지식을 말합니다. 교과서에는 쉽게 이해되는 개념도 있지만 그 뜻을 깊이 생각해야 이해되는 개념도 있죠. 예를 들어, 물체의 빠르기인 '속도'와 공간적으로 떨어진 길이인 '거리'의 개념은 쉽게 이해할 수 있죠? 그런데 '가속도'라는 개념은 어떤가요? 가속도는 물체가 이동함에 따라 물체에 점점 더해지는 속도를 말하는 것입니다. 그래서 '속도'와 '거리'라는 두 개념을 먼저 알고 있어야 이해할 수 있지요. 여기서 속도와 거리를 '구체적인 개념'이라 하고, 가속도를 '추상적인 개념'이라 합니다.

1. 개념 : 어떤 사물이나 대상, 현상의 속성을 종합하여 붙인 이름
2. 구체적인 개념 : 특징이나 속성을 눈으로 확인할 수 있는 대상에 붙인 이름. 예) 연필, 공책
3. 추상적인 개념 : 구체적인 개념들의 공통적인 속성을 종합하여 붙인 이름. 예) 학용품

은아 : 구체적인 개념보다 추상적인 개념이 이해하는 데 더 어려운 것 같아요.

지훈 : 추상적인 개념은 여러 가지 개념을 먼저 알아야 이해할 수 있겠네요. 그런데 눈으로 확인할 수 없는 것도 있잖아요.

맞아요. 추상적인 개념의 실체는 직접 눈으로 확인하거나 만져볼 수 없으니 쉽게 이해되지 않아 답답하게 느끼기도 합니다. 그래서 교과서를 직접 쓴

분들은 어떤 개념을 소개할 때 대개 자세하게 풀어서 설명하는 식으로 정의를 내리고 예를 들어줍니다. 물론 그렇지 않을 때도 있지만요. 정의는 있지만 예가 없는 경우도 있고, 정의와 예 모두 없는 경우도 있습니다.

잊지 말자! 정의와 예가 어떤 식으로 나와 있는지를 먼저 알게 되면 교과서에서 단어나 개념을 어떻게 읽어야 좋을지 감을 잡을 수 있다.

본문에 정의와 예가 다 있는 경우

읽고 있는 글에서 개념의 정의, 해당되는 예나 종류, 특성이 다 설명되어 있으면 걱정할 필요가 없습니다. 앞으로 배우게 될 '표시하며 읽는 방법'을 활용하여 각 부분에 표시하면서 읽으면 되니까요.

《과학2》 53쪽 두산

이와 같이 한 물질이 다른 물질에 골고루 섞이는 현상을 **용해**라고 하며, 용해에 의하여 생긴 균일한 혼합물을 **용액**이라고 한다. 또 용액이 만들어질 때 녹아 들어간 물질을 **용질**이라고 하고, 용질을 녹인 물질을 **용매**라고 한다. 예를 들면 설탕 용액에서 설탕은 용질이고, 물은 용매이다.

개념에 대한 정의가 책의 여백에 있는 경우

개념 정의를 본문에서는 하지 않고 대신 책의 여백에 정의해 놓은 경우가 있습니다. 이때는 여백에 있는 정의를 먼저 읽은 후에 본문을 읽으면 좋습니다. 그것이 배경 지식이 되어 내용 이해가 더 잘 되고 빨리 읽을 수도 있을 테니까요. 자동차로 처음 가는 길에서 내비게이션을 사용하는 걸 떠올려 보세요. 목적지를 입력한 후에 '모의 시행'을 해보는 것과 같습니다.

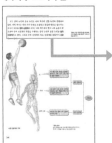

《과학2》 138쪽 두산

모든 감각 뉴런과 운동 뉴런은 뇌와 척수의 연합 뉴런과 연결되어 있다. 뇌와 척수는 여러 가지 반응을 조절하고 통일된 행동을 일으키는 중심이 되므로 **중추 신경계**라 하며, 뇌와 척수에서 뻗어 나와 온몸에 분포하며 중추 신경계의 명령을 수행하는 감각 뉴런과 운동 뉴런은 **말초 신경계**라고 한다. 그리고 중추 신경계와 말초 신경계를 통틀어서 **신경계**라고 한다.

*중추란 조절 작용의 중심을 의미하며, 말초란 중심에서 멀리 떨어진 신체의 끝 부분을 의미한다.

개념에 대한 정의만 있고 예는 없는 경우

본문에서 개념을 정의해 놓고 예를 들지 않은 경우에는 스스로 예나 사례, 유사 개념과의 차이 등을 떠올리면서 읽어보세요. 그런 다음 떠올린 내용을 여백에 메모하면 더 좋습니다. 추상적인 개념을 설명할 수 있는 구체적인 개념(예, 사례)을 스스로 찾아보면 이해력과 응용력이 더 생길 테니까요.

《도덕1》 103쪽

사랑의 실천 모습으로서 우리는 관용(寬容)을 생각할 수 있다. 관용이란 다른 사람을 너그럽게 받아들이거나 용서하는 것이다. 이러한 관용은 사람끼리의 관계에 있어서 꼭 필요한데, 특히 사람들끼리 이해 관계가 복잡하게 얽혀 있는 현대 사회에서는 이러한 관용의 정신이 꼭 필요하다.

였다. 교황은 총격을 받고 쓰러졌지만, 사건이 난 지 며칠 후 범인을 용서한다는 뜻을 밝혔다. 그리고 교도소로 찾아가 종신형을 받은 범인을 위로하였다. 교황의 용서하는 마음에 많은 사람들이 감동을 받았다.

개념에 대한 소개만 있고, 정의와 예가 없는 경우

본문에 개념은 있는데 이를 정의하지도 않고, 적합한 예도 없는 난감한 경우에는 어떻게 해야 할까요? 이때는 일단 개념에 표시(동그라미 등)를 합니다. 그리고 이어지는 문장에서 단서를 찾아 그 의미를 파악하면 됩니다. 개념 하나가 아니라 개념의 앞뒤에 있는 문장들을, 탐정이 추리를 위해 단서를 찾듯이 찾아낼 수 있습니다. 이것은 뒤이어 공부하게 될 '문맥을 통해 개념을 이해하는 요령' (53쪽)에서 살펴볼게요.

2. 개념 공부는 어떻게 하나?

지훈이와 은아 사이에 논란이 벌어졌습니다.

지훈 : 영어 공부에는 읽기가 가장 중요해. 영어 공부를 하는데 하나도 읽을 줄 모르면 아무런 의미가 없잖아?

은아 : 아니지, 읽는 것보다는 대화를 하는 게 더 중요해. 그리고 말을 하려면 먼저 잘 들어야 하잖아? 그러니까 듣는 게 더 중요해.

읽기, 쓰기, 말하기, 듣기 중에 영어 공부를 잘 하는 가장 중요한 비결은 뭘까요? 여러분은 무엇이 가장 필요하다고 생각하나요? 먼저 어휘를 많이 알아야 하지 않나요? 회화도 중요하고 문법도 중요하지만 영어를 읽거나 들으려고 할 때, 말하거나 쓰려고 할 때 어휘가 뒷받침되지 않으면 아무것도 할 수 없잖아요? 그렇다면 일단 교과서에 나온 영어 단어나 숙어 등의 어휘를 효과적으로 공부해야 합니다. 이럴 때 좋은 방법으로 눈덩이 원리(snow-ball theory)가 있습니다. 눈사람을 만들려고 눈을 굴려봤겠죠? 처음에는 잘 굴려지지 않지만 일단 크게 뭉쳐지면 단단하게 되고 금방 더 큰 눈덩이가 만들어지는 거에요. 개념이나 어휘도 이렇게 공부하면 됩니다.

독해력 상승
본문을 자세히 읽기 전에, 소제목이나 핵심 개념(특히, 진한 글씨체로 된)을 미리 훑어봅시다. 그러면 그것이 배경지식이 되어 독해력을 쑥쑥 올려 줄 것입니다.
(3장의 SQ3R 참고)

통째로 먹어도 소화가 잘된다

단어를 쉽게 익히는 요령 중 단연 최고는 "단어를 외우지 말고 문장을 외워라" 입니다. 학교나 학원 선생님에게서 많이 듣던 말이지요. 영어 교과서를 읽다가 모르는 단어가 나오면 여러분은 어떻게 하나요? 사전을 찾아 그 뜻을 살피고 외우겠죠? 그런데 이때 새로 알게 된 단어에만 신경을 쓰고, 정작 그 단어가 들어 있는 문장은 소홀히 하는 친구들이 많더군요. 문장을 볼 시간이 없거나 문장까지 보는 것이 버겁다고 느껴지나요? 그래서는 실력을 쌓을 수 없답니다. 예를 하나 들어 보죠. 단어 anxious를 모른다고 가정하고 아래 문장을 읽어봅시다.

"Well, I don't know. I'm anxious."

(글쎄요, 난 모르겠어요. 나는 걱정이 돼요.)

은아는 이 문장을 읽고 anxious라는 뜻을 사전에서 찾습니다. 그리고 anxious를 외우려고 하는데, 이 때 "문장을 외우라"는 말을 떠올리면서 이 단어가 포함된 위의 문장까지 외웠습니다. 그러면 은아는 '몰라서 걱정이 되는' 어떤 상황을 떠올리면서 더 오래 기억할 수 있습니다. 연상기억법 있죠? 구체적인 상황이 주어지면 머릿속에 이미지로 더 오래 남는다는 것을요. 더불어 회화 실력도 길러질 겁니다. 어디선가 anxious를 넣어 자랑스럽게 써먹을 수 있겠죠. 은아는 어떤 상황에서 anxious를 쓰는지 알고 있으니까요. 단어는 사전적 의미도 중요하지만, 문맥 속에서 쓰이는 의미를 아는 것도 중요합니다. 문장이 굳이 복잡하거나 어려울 필요는 없습니다.

눈덩이를 굴려라

지훈 : 그럼 선생님, anxious가 나오면 사전에서 어디까지 공부해야 되나요?

은아 : 맞아요. 문장을 외우는 것과는 또 다른 문제에요. 참고서에는 '형용사. 걱정스러운, 근심하는(worried)', 이렇게 되어 있는데 이 정도만 공부하면 될까요?

지훈 : 다른 단원에서 혹시 anxiety라는 단어가 나오면 그 때 다시 사전을 찾아야겠죠? 한번에 다 찾기는 너무 귀찮고 시간도 많이 걸리잖아요.

여러분도 같은 문제로 고민한 적이 있나요? 먼저 영어 공부를 할 때 사전을 옆에 두는 습관이 중요합니다. 교과서를 읽으면서 모르는 단어가 나오면 꼭 사전을 찾아 그 뜻을 정확하게 알아둬야 하니까요. 더불어 그 단어에만 그치지 말고 단어의 기본어(명사와 동사)를 중심에 두고, 파생어·숙어·문법·응용 문장 등을 한꺼번에 종합적으로 공부하는 습관을 길들이세요.

잊지 말자! 조금 귀찮고 시간도 많이 걸리기 때문에 처음에는 힘이 들 수 있다. 하지만 '눈덩이 원리'는 바로 여기서 나온다. 중심 단어를 둘러싸고 공부하는 습관을 들이면 눈을 굴리는 것처럼 영어 어휘 실력은 금세 붙는다.

뿌리를 알면 쉬워진다

교과서를 읽으면서 낯선 영어 단어를 만나면, 이미 알고 있는 어원을 떠올

어원의 다른 예

1. gen :
태어나다, 타고난
관련단어
gentleman(신사),
gentle(가문이 좋은),
genious(재능),
oxygen(산소가 발생한다
는 의미)

2. fari, fant :
이야기하다, 유명해지다
관련단어
fame(명성), infant(유아가
아직 말을 하지 못한다는 의
미), fable(우화),
familiar(잘 알려지지 않은)

접사의 다른 예

1. 접두사 trans :
'이동', '옮기다'
관련단어
transaction(거래),
transportation(운송),
transplant(이식하다),
transform(변형하다),
transfer(옮기다)

2. 접미사 -ian : ~사람
관련단어
Italian(이탈리아인),
musician(음악가),
Canadian(캐나다인),
technician(기술자)

리는 것이 도움이 됩니다. 어원이란 어떤 단어의 기본 형태 또는 중심적인 의미를 말합니다. 예컨대, 'astro'라는 뜻은 '별(star)'을 의미합니다. astrophysics(천체물리학), astrogate(우주비행하다), astronaut(우주비행사)는 모두 같은 어원에서 출발한 셈이지요. 시험을 보다가 astronaut라는 단어를 모른다고 하더라도 'astro'라는 어원을 알고 있다면 이것이 별, 우주와 관련된 어휘임을 눈치챌 수 있겠죠? 어원(語源, roots)을 중심으로 영어 단어를 공부하는 학생들이 꽤 있더군요. 흔히 한자만 뜻글자라고 생각하는 친구들이 많은데 그렇지 않습니다. 영어에도 그 뿌리가 있답니다.

또 접두사와 접미사의 뜻을 적용하여 새로운 단어의 뜻을 깨닫는 친구도 많고요. 바람직한 현상입니다. 영어 단어를 공부할 때 접사(接辭, fix)를 잘 알고 응용하면 좋습니다. 접사는 단어의 앞에 붙거나(접두사) 뒤에 붙어(접미사) 뜻을 고치거나 바꾸는 것을 말하지요. uniform(단체복), unification(통일, 통합)은 모두 '하나(one)'를 뜻하는 접두사 uni가 앞에 붙은 것입니다.

접미사 less는 명사의 뒤에 붙어 '…이 없는' 또는 '무수한, 무한정'의 뜻의 형용사(예: homeless, numberless)를 만들고, 동사의 뒤에 붙어서는 '…할 수 없는, …않는'의 형용사(예: countless, tireless)를 만드는 데 쓰입니다. 이런 원칙을 항상 머릿속에 두고 교과서를 읽으세요. 또, 평소에 접두사와 접미사를 많이 알아두면 새로운 단어가 나와도 겁부터 먹지는 않겠지요? 그러니까 평소에 어원을 폭넓게 익히는 연습을 해야겠어요. 교과서나 노트에 옆의 예처럼 접두사와 접미사를 정리해 두면 훨씬 빨리 정리가 될 거에요.

신문 스크랩을 활용해보자

우리말 달인을 뽑는 TV프로그램이 있죠? 이 사람들은 우리말을 어찌 그리 잘 알까요? 아마 벼락치기로는 힘들 거에요.

공부에 필요한 개념을 아는 것도 마찬가지입니다. 평소에 습관처럼 꾸준히 하는 것이 중요하죠. 매일매일 개념을 공부하는 방법을 소개할 테니 한번 해보세요. 바로 신문을 활용하는 겁니다. 요즘 신문에는 그날 기사의 핵심어를 기사 옆에 따로 설명하는 부분이 있더군요. 또 혼동하기 쉬운 용어를 비교해서 알기 쉽게 설명하는 코너도 있습니다. 직접 신문을 스크랩하거나 부모님에게 부탁해 봐도 좋아요. 그것이 모여서 여러분의 큰 자산이 될 겁니다.

3. 한자를 알면 우리말 개념은 따라온다

한참 교과서를 읽던 지훈이는 어려운 개념이 나오자 난감해졌습니다. 분명 한국말인데 왜 이해가 안될까요? 그 원인은 한자에 있는 경우가 많습니다. 한문 사용이 줄어들고, 한글은 한자와 별로 관계없다고 생각하면서 한자에 소홀해지는 경우가 많기 때문입니다. 그런데 교과서에 실린 개념은 우리말로 되어 있더라도 한자를 알아야 정확한 뜻을 알 수 있는 경우가 많아요. 계몽사상, 유추, 신경계, 전압과 전류, 수학에서의 방정식, 함수, 삼각비 등도 그렇죠. 방정식을 한번 설명해 보죠. 방정식이 무엇이냐고 물었을 때 여러분은 뭐라고 대답할 수 있나요? 방정식의 한자를 살펴보면 답이 쉽게 나온답니다. 방정식의 한자는 方程式이죠. 방법을 뜻하는 방(方)에 규정, 법칙을 의미하는 정(程)입니다. 수학 형태의 식(式), 즉 일정한 틀에 식을 풀기 위한 특정한 법칙을 지정해주어 답을 찾는 것을 뜻합니다.

국어 시간에 많이 혼동하는 개념을 한자로 풀어볼까요?

여러분은 은유법과 풍유법을 어떻게 이해하나요? 무조건 외우려고 하지 말고 한자를 잘 살피면 바로 이해가 됩니다. 은유법은 '숨는다'는 의미의 은(隱)을 쓰고 풍유법은 '풍자하다'는 의미의 풍(諷)을 씁니다. 즉, 은유법은 문맥에서 '숨겨진 의미'를 생각하는 것이고, 풍유법은 말로 빗대어 풍자하는 것을 말하죠. 한자를 보니 바로 이해가 되네요.

그러니 새로운 개념에 대한 뜻을 잘 이해하려면 한자 공부를 많이 해야겠죠? 한문 시간에 열심히 하는 것은 당연하고, 국어 교과서를 읽을 때 본문에서 괄호에 들어가 있는 한자를 눈여겨 볼 필요가 있습니다. 꼭 필요한 기초 개념이니까요. 또 각 단원의 끝에 있는 '한자 공부' 코너를 잘 활용하세요. 한자 하나하나를 익히는 것은 물론, 단어의 뜻을 정리하는 습관을 길들이면 국어 점수뿐 아니라 어휘 실력이 탄탄해질겁니다.

평소에 교과서를 볼 때 시간을 아주 조금만 더 들이면 되니까요.

《국어 2-2》 48쪽

한자 공부

(1) 話 : 화두(話頭), 대화(對話)　　(2) 産 : 산업(産業), 재산(財産)

(3) 綠 : 녹색(綠色), 신록(新綠)　　(4) 師 : 사제(師弟), 교사(敎師)

(5) 感 : 감정(感情), 비감(悲感)　　(6) 熱 : 열애(熱愛), 치열(治熱)

4. 문맥에서 감을 잡자

은아도 교과서를 읽다가 어려움이 생겼습니다. 잘 알지 못하는 단어나 개념이 제대로 정의되지 않고 나왔는데요. 이럴 때 여러분은 어떻게 하나요? 읽다 말고 사전이나 참고서를 보고 그 뜻을 찾아본 다음 또 다시 읽나요?

교과서에 친숙하지 않은 단어나 개념이 나온다고 그때마다 교과서를 읽다 말고 사전이나 참고서에서 그 뜻을 찾아보고 다시 읽는 습관은 읽기의 맥을 끊는 행동이죠. 이것이 되레 읽기 능력을 떨어뜨릴 수 있습니다. 또 전체 내용을 한꺼번에 파악하는 데도 방해가 됩니다.

이렇게 새로운 단어나 개념이 정의되지 않고 나올 때는 문맥(文脈-앞뒤 문장이나 단락의 흐름) 속에서 그 개념을 이해하기 위한 단서를 찾아 '대략적인 뜻'을 이해하고 읽기를 계속하는 것이 좋습니다. 정확한 뜻은 읽기를 다 마친 다음에 공부하면 됩니다. 그럼 문맥을 통해 대략적인 뜻을 이해하는 요령을 살펴볼까요?

재진술 단서 찾기

친숙하지 않은 단어나 개념이 나왔을 때, 그와 비슷한 의미를 가진 단어(용어)가 뒤이어 나오는 경우가 많은데, 이를 재진술 단서라 합니다.

1. That is Tom's personal <u>credo</u>, or belief.

2. "Well, I don't know. I'm <u>anxious</u>."

   "Why are you <u>worried</u>?" (《중학 2》 100쪽, 천재교육)

문장부호를 보자
재진술 단서를 잘 파악하려면, 쌍점(:), 줄표(-), 삽입구( ) 등과 같이 바로 문장부호(구두점)가 앞서 온다는 것을 알아두면 좋습니다.

앞의 1에서 '신념'을 뜻하는 credo를 알지 못하더라도 이미 알고 있는 belief라는 단어를 단서로 해서 그 의미(신념, 신조)를 알 수 있습니다. 또 2에서 앞 문장 anxious(불안한)의 뜻을 정확하게 알면 뒤 문장에 있는 worried(걱정되는)의 뜻을 생각해 낼 수 있겠죠?

그럼, 아래 문단에서 관용의 정신이란 무엇을 의미하는지 어떻게 알 수 있을까요?

《도덕 2》 64쪽

> 넷째, 관용의 정신이다. 민주 시민은 자신의 이익만을 위하지 않고, 자신의 신념만을 우선으로 생각하지 않는다. 다른 사람도 나와 동등한 권리를 가지고 있고, 자기 나름대로 생각을 하기 때문에 타인을 존중해야 한다. 비록 <u>나와 의견을 달리하더라도 그 사람을 너그럽게 받아들이고 인격을 존중함으로써</u> 자기도 존중받게 된다.

이 글에서, '관용의 정신'이 무엇인지는 직접 정의되어 있지는 않네요. 실제 교과서에는 예로 삼은 문단 옆의 여백에 '관용의 정신'이 정의되어 있기는 합니다. 하지만 교과서 도움 없이도 우리는 '관용의 정신'이 무엇인지 생각해 볼 수 있답니다. 밑줄을 그은 문장을 보세요. 어렵지 않게 이해되는 내용이지요? 이 문장도 넓게 보면 재진술 단서입니다.

예로 된 단서 찾기

단어의 뜻과 관계된 행동, 활동, 현상에 관한 예(사례)를 통해 대략적인 뜻을 파악할 수 있습니다.

**** 한식 : 동지로부터 105일째 되는 날. 이 날은 자손들이 조상의 산소를 찾아 제사를 지내고 사초(莎草)를 하는 등 묘를 돌아봄.

***** 단오 : 음력 5월 5일. 그네뛰기, 씨름, 활쏘기 등의 놀이를 즐기며, 여자들은 창포에

끝으로, 친척 간 생활에서 생기는 문제로 명절과 관련된 것을 생각해 보자. 우리 나라는 세시 풍속에 의한 명절을 중요시해 왔는데, 설날, 한식, 단오, 추석과 같은 날에는 친척들이 모여 음식을 함께 나누며 놀이를 즐기고 삶의 활력을 충전하였다. 그런데 이러한 문화가 오늘날에 와서 그 모습이 퇴색해 가고 있으며, 지켜 나가기에 많은 어려움이 있다. 즉, 추석과 같

《도덕3》 148쪽

이글에서, '세시 풍속' 또는 '세시풍속에 의한 명절' 이 무엇인지 정의하고 있지는 않지만 그것의 예('설날' , '한식' , '단오' , '추석')는 들고 있네요.

대조-비교의 단서 찾기

앞서 공부한 재진술 단서는 잘 알지 못하는 새로운 낱말이 있을 때, 그와 비슷한 말이나 같은 말을 뜻합니다. 반면, 대조와 비교를 나타내는 단서는 알고자 하는 낱말과는 반대가 되는 낱말이 제시된 경우입니다. 문장 속에 들어 있는 낱말과 뜻이 '같지 않거나 혹은 비슷하지 않은' 단어에 해당되겠죠.

그런데 중학교 교과서에는 대조-비교의 단서가 잘 나와 있지 않아요. 그러니 여기서는 유형만 이해하는 것으로 족합니다. 단, 고등학교 교과서에는 자주 등장하니 유형만큼은 확실히 알고 넘어가야겠어요.

여기까지 좀 숨차게 달려왔나요? 앞에서 개념을 잘 파악하는 요령을 공부했죠? 그런데 지식이란 것은 수많은 개념들이 그물망처럼 서로 연결되어 짜여진 것이랍니다. 그러니 이들이 어떤 관계로 연결되어 있는지 알아야 글을 제대로 파악하고, 그것이 진정한 지식이 되겠죠? 그래서 교과서 문장이나 문단을 읽으면서 어떤 개념이 더 일반적이고 상위인 것인지, 또 어떤 것

이행어를 보자

대조 단서를 활용하여 어휘를 파악할 때에도, 단서가 되는 문장 앞에 '그러나', '~하는 반면에', '대조적으로' 등의 이행어(문장들 간의 연결 고리가 되는 단어)가 온다는 걸 기억하면 좋습니다.

이 구체적이고 하위인 것인지 분간할 수 있어야 하는 것입니다.

잊지 말자! 개념과 개념 간의 관계를 아는 것, 이것이 바로 교과서를 읽고 얻고자 하는 지식이다.

은아 : 개념이나 용어, 어휘 같은 것을 하나하나 보면서 별로 중요하게 생각하지 않았는데, 공부하는데 굉장히 중요한 요소네요?

지훈 : 맞아요. 결국 진짜 실력은 얼마나 많은 어휘나 단어를 아는지에서 나오는 것 같아요.

5. 관계를 그려보자

교과서를 읽으면서 중요한 개념들 간의 관계를 파악하는데 좋은 방법이 바로 '개념도(槪念圖, concept) 그리기' 입니다. '교과서 보기' 에서 보고, 과학 수업 시간에도 연습해 봤죠? 개념도란, 지식이 계층적인 구조를 띠고 있다고 생각하고 개념과 개념들 간의 관계를 연결 마디(node)와 연결선(line)을 사용하여 시각화하는 것을 말합니다. 어떤 순서로 그리는지 알아볼까요?

개념도 그리기

----

1. 한 단락이나 단원을 읽으면서 중요하다고 생각되는 개념(내용)에 밑줄을 긋거나 동그라미를 친다. 그런 다음 책 여백이나 빈 종이에 써본다.

2. 상위의 개념 또는 일반적인 개념을 위에, 하위의 개념 또는 구체적인 개

념을 아래에 수직적으로 배열한다.

3. 개념과 개념 사이에 선을 긋고, 그들간의 관계를 잘 나타내주는 낱말이나 문장을 써넣는다.

4. 개념들 간의 상하 관계, 그리고 그 관계를 나타내는 표현이 적절한지 확인한다.

개념도 그리는 순서, 잘 이해되나요? 그렇지만 순서는 이해했더라도 막상 실천하려면 쉽지 않습니다. 다음의 예처럼 짧은 문장→조금 긴 문장→짧은 문단→긴 문단→한 단원, 이런 순서로 차근차근 연습해 보세요.

문장 연습

"감, 밤 등은 참열매이고, 사과나 딸기 등은 헛열매이다."

《과학2》118쪽, 두산)

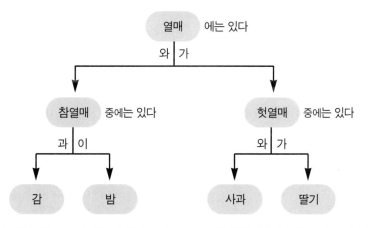

문단 연습

"열매는 종자를 보호하고 퍼뜨리는 역할을 한다. 열매는 씨방이 자라서 이루어지는 참열매와 씨방 이외의 부분이 자라서 이루어지는 헛열매가 있다. 감, 밤 등은 참열매이고, 사과나 딸기 등은 헛열매이다." (위와 같음)

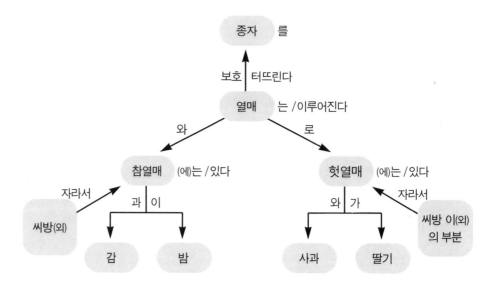

단원 연습

한 단원 전체를 대상으로 개념도를 멋지게 그려야 단원에 대한 완전한 이해를 했다고 할 수 있겠죠? 혹시 너무 복잡하다고 느껴지나요? 그림을 그린다는 생각으로 접근해 보세요. 특히 한 단원 전체를 개념도로 그리자면 이어주는 말까지 들어가서 너무 복잡해질 수가 있어요. 이럴 때는 이어주는 말은 생략해도 좋습니다. 한 단원 모두는 내용이 많으니 일부만 그린 개념도를 참고해 보세요.

학생의 예

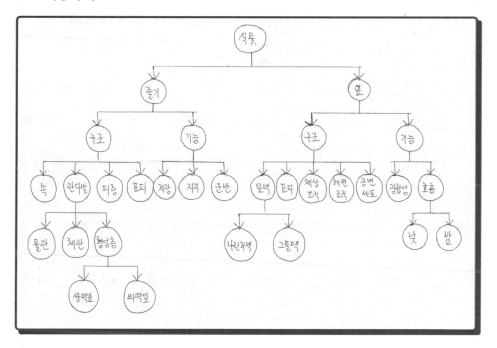

6. 계층지도와 의미망을 그려보자

한 단원 전체를 읽고 개념들 간의 관계를 시각적으로 구조화하여 파악하는 방법으로 계층지도(階層地圖, hierarchical maps) 또는 의미망(意味網, semantic webs) 그리기가 있습니다. 이 방법들도 넓게는 개념도에 속하지만, 개념도 그리기 3의 방법처럼 개념과 개념 간의 관계를 낱말이나 문장으로 설명하는 과정 없이 간단하게 '개념'으로만 관계를 표시해도 됩니다.

**계층지도
만들기**

1. 위쪽 중앙에 네모칸이나 원을 그린 다음, 그 안에 가장 핵심적인 주제나 제목을 써넣는다.

2. 중심 주제를 쓴 아래로 선을 그어 내리고, 같은 방법으로 네모칸이나 원을 그려 그 다음 수준에 해당하는 제목이나 개념을 쓴다.

3. 하위 수준의 보다 구체적인 개념에 이르기까지 계속한다.

실천한 예

《공부방법을 알면 성적이
보인다》 216쪽 한언

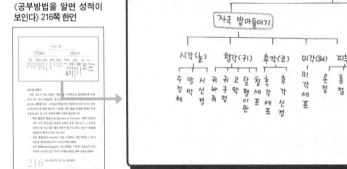

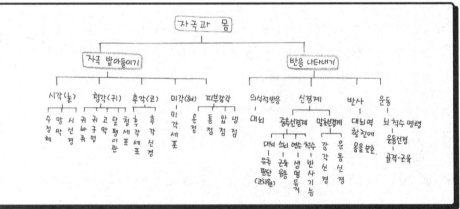

**의미망
만들기**

1. 핵심 질문이나 핵심 개념(core question, concept)을 만든다.

– 단원의 제목이나 가장 핵심이 되는 개념을 가운데 적는다.

(실천한 예에서 '5대 영양소' 부분)

2. 중심계열(web strands)을 구성한다.

– 망(網)을 구성하는 기본 뼈대로, 핵심 개념을 뒷받침하는 개념들을 적는다(두 선으로 연결된 개념).

3. 보조계열(strand supports)

– 중심계열을 구성하는 하위개념(정보)을 적는다(실천한 예에서 선의 내용).

4. 계열 끈(strand ties)

– 보조계열을 구성하는 더 세부적인 개념을 적는다.

※ 아래 예는 '3. 보조계열' 과정까지만 표시했지만, 계층지도를 어떻게 만드는지 한눈에 볼 수 있어요.

실천한 예

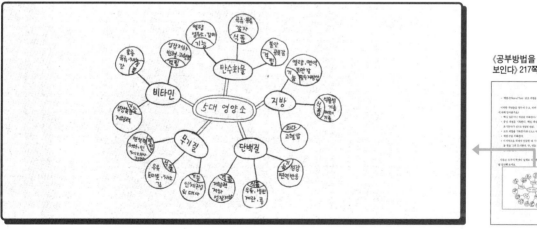

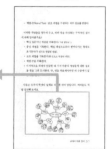

《공부방법을 알면 성적이 보인다》 217쪽 한언

계층 지도는 개념들의 관계를 수직으로 표현하는 데 반해, 의미망은 개념들이 '중앙에서 사방으로 뻗어 나가는' 거미줄 같은 모습을 띠고 있다는 걸 알겠죠? 어떤 방식으로 해도 괜찮습니다.

7. 마인드 맵을 그려보자

교과서 한 단원을 읽고, 내용들 간의 전체적인 관계를 한 눈에 파악하도록 정리하는 방법 중에 가장 널리 알려진 것이 마인드 맵(mind map)입니다. 한 번쯤은 들어봤겠죠? 앞서 소개한 것들보다 더 친숙할 겁니다.

마인드 맵은 1970년대 토니 부잔(Toni Buzan)이라는 사람이 혁신적이고 창의적인 메모기술을 개발하고, 정보를 시각화해서 정리하는 방법으로 만든 것입니다. 나뭇가지 모양을 이용해 자료나 내용들의 상하 관계를 자신이 정하는 기준에 따라 분류하는데, 뇌에서 정보를 전달하는 도로망에 위치한 뉴런(신경세포)과 비슷한 구조입니다.

여러분은 문제가 생기면 어떻게 해결하나요? 그 문제와 관련된 한두 가지만을 생각하지 않나요? 이건 우리가 좌뇌만 사용하는 것이랍니다. 마인드 맵은 전체적인 관계성을 360도 방사선 모양으로 확대해서 생각합니다. 그래서 정리하는 데에 탁월한 능력을 발휘하는 우뇌를 적극적으로 활용하는 방법입니다.

마인드 맵 그리는 순서

1. 중심 이미지를 떠올려 적는다.

한 단원의 제목이나 중심 개념을 종이 한가운데 적는다. 이렇게 하면 중심 개념에서 나올 수 있는 다양한 생각이나 정보를 360도로 연결할 수 있다. 이 때 중심 개념은 정사각형이나 직사각형보다는 구름 모양이나 나이테 모양처럼 원의 형태로 부드럽게 그리자.

2. 주가지와 부가지를 만든다.

중심 이미지로부터 뻗어 나온 가지를 '주가지', 그리고 이 수가지로부터 나온 가지를 '부가지' 라고 하는데, 중심과 가까운 가지일수록 중요한 생각을 나타낸다.

가지들은 자연에서 그 모습을 따왔기 때문에 실제 나뭇가지처럼 구부정하고 길쭉한 모양으로 자연스럽게 그리는 것이 좋다. 가지를 나타내는 것들은 같은 모양으로 그린다. 이렇게 하면 각 가지에 달린 설명이 보다 명확하게 보인다. 종이에도 공간을 적절히 두고, 가지들을 시원하고 보기 좋게 배치한다.

3. 핵심 개념을 적는다.

마인드 맵의 가지 하나에 하나의 핵심 단어만을 쓰는데, 가지 위에 단어를 적을 때는 한눈에 보아도 쉽고 빠르게 이해할 수 있도록 크고 정확하게 그린다. 마인드 맵은 그림을 보듯 하나의 이미지처럼 보여야 하기 때문이다.

이밖에도 마인드 맵을 더 보기 좋게 표현하기 위해 주가지, 부가지 별로 색깔을 정해서 사용해도 좋다. 개념이나 내용의 특징을 잘 나타내는 모양이나, 과장 · 놀람 등의 재밌는 모습이나 자연물(나무, 꽃, 눈의 결정체 등)이나 인공물(만화, 광고물 등)을 활용하여 멋진 스타일을 만들어보자.

과외 한번 안 한 산골 여학생의 성공 스토리

마인드 맵이 읽은 내용을 정리하고 암기하는 데 얼마나 도움이 되는지 사례를 소개할게요. 2007년 당시 경남 합천여고를 졸업한 전지연 선배는 서울서 살다 귀농하는 아버지를 따라 산골에서 살았는데, 과외 한번 받지 않고도 수능 시험에서 경남 최상위권 성적을 받았답니다. 그런데 그 비결의 하나가 암기과목은 모두 마인드 맵을 이용한 것이라네요. 그 선배는 "마인드 맵을 이용하면 그냥 외우는 것보다 전체적인 흐름을 한눈에 정리해 기억에 더 오래 남는다"고 여러 인터뷰에서 밝혔더군요. 백문이 불여일견이랬죠?

1 붕당 정치와 탕평책

| 학습 개요 | 영조와 정조 때에는 붕당 정치의 폐단을 바로잡기 위하여 탕평책을 실시하고 여러 가지 개혁을 단행하였다. 이러한 개혁 정치로 영조와 정조 때에는 어느 정도 사회가 안정되고 경제가 발전하였으며, 문물 제도가 새롭게 정비되었다. 이 시기에 실학자들은 민생을 안정시키고 나라를 부강하게 하기 위한 여러 가지 방안을 모색하였다.

1️⃣ 붕당 정치의 전개 과정은?
2️⃣ 탕평책을 실시한 목적은 무엇인가?
3️⃣ 실학자들은 어떤 사회를 추구하였는가?

▲ 《국사》 160~170쪽

《국사》 교과서 4단원의 '1. 붕당정치와 탕평책' 부분을 마인드 맵으로 정리한 다음 예를 보면 더 잘 이해할 수 있을 거예요.

위의 교과서 내용 중 1️⃣～2️⃣까지의 내용이 우리가 이 단원을 통해 알아야 할 핵심 문제들이에요. 마인드 맵 중앙을 먼저 보세요. 이 단원에서 우리가 알아야 할 주제들을 먼저 적고 각각의 내용에 따른 설명을 하고 있어요. 각 주제에서 소재로, 또 그 세부 내용으로 점점 가지가 생겨나고 있죠? 이 마인드 맵 한 장이 한 단원을 모두 설명한 내용이라니, 놀랍지 않나요?

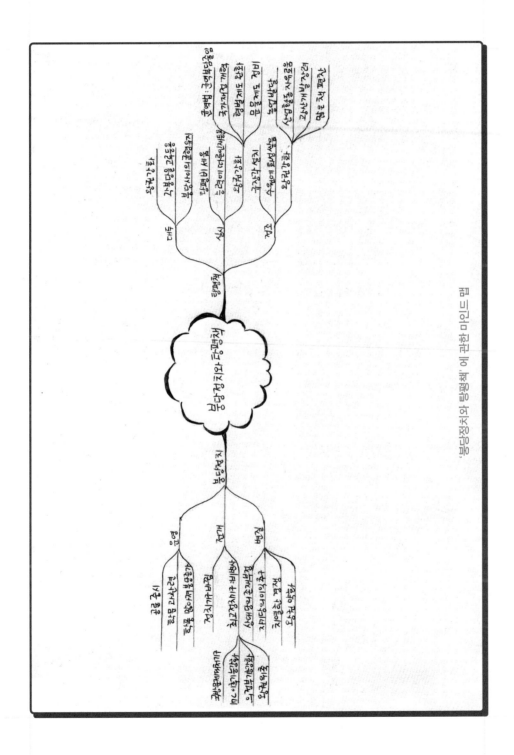

'붕당정치와 탕평책' 에 관한 마인드 맵

자, 이제 2장에서 배운 걸 함께 정리해 볼까요?

은아 : 2장에서는 읽기 기술에서 개념이나 어휘가 중요하다는 것을 알았어요. 개념 간에 관계를 잘 파악해야 글 이해가 쉬워진다는 거죠.

지훈 : 특히 읽기에는 어휘 공부도 중요해요. 어휘 공부를 하는 효과적인 방법은 '문장을 통째로 외우라' 는 것이에요.

은아 : 그러니까 단어 하나만 공부하지 말고 파생어들도 함께 공부해서 한 단어를 단단한 눈덩이처럼 만들라는 거네요.

지훈 : 평소에는 주의 깊게 보지 않았는데, 교과서에 나와 있는 한자 공부도 소홀히 하면 안 되겠어요.

은아 : 모르는 단어나 개념이 나오면 당황하지 말고 앞뒤의 단어나 문맥을 보면서 감을 잡으면 되고요.

지훈 : 개념 간에 관계를 쉽게 알려면 개념도나 의미망, 계층지도 같은 그림으로 연상하면 더 쉬울 것 같아요.

확인해보자

01

1. 교과서를 읽고 공부할 개념은 추상적이기 때문에 적합한 예를 들어보는 것이 이해에 도움이 된다. (예, 아니오)

02

2. 교과서에 있는 영어 단어를 잘 공부하는 원리로 '눈덩이 원리' 가 있습니다. 여기에 해당되는 요령을 두 가지만 쓰세요.

   ①

   ②

03

3. 교과서 여백에 개념을 정의(설명)해놓은 경우, 이를 먼저 읽고 본문을 읽으면 더 이해가 잘 된다. 그 이유는 그것이 (   )이 되어 독해를 촉진시키기 때문이다.

04

4. 개념도 그리는 순서를 나타낸 것입니다. 순서대로 진술되었습니까?(예, 아니오)

  ① 중요한 개념에 밑줄을 긋거나 동그라미를 친다.

  ② 개념들을 계층적으로 배열한다.

  ③ 개념들의 관계를 나타내는 낱말이나 문장을 선에 써넣는다.

  ④ 개념들 간의 상하 관계와, 그 관계를 나타내는 표현이 적절한지 확인한다.

05

5. 아래 문장을 읽고, 밑줄 친 부분은 진한 표시의 단어의 뜻을 파악하는 데 어떤 단서로 작용하였는지 쓰세요.

"The country's form of government is an **autocracy**, that is, government by a single person having unlimited power."

교과서 글의 핵심 개념과 그 예시, 그리고 개념들 간의 연결 관계를 정확하게 파악하면서 읽는 기술을 공부했습니다. 이제 교과서 예문을 갖고 연습해 볼까요?

STEP 1

세 가지 예문은 개념을 설명하는 방식에서 서로 차이가 있습니다. 각각의 글은 핵심 개념을 어떻게 설명하는지 알아보고, 어떻게 읽어야 내용 파악이 더 잘 될 것인지 적어봅시다.

《과학2》 218쪽 두산

1 물에 소금이나 설탕을 녹인 수용액은 일종의 혼합물이다. 이와 같이 성분 물질들이 고르게 섞여 있는 혼합물을 **균일 혼합물**이라고 한다. 균일하게 섞여 있는 액체 상태의 혼합물을 **용액**이라고 한다.

쌀과 모래는 골고루 잘 섞어 놓더라도 쌀 알갱이와 모래 알갱이를 쉽게 구별할 수 있다. 이와 같이 성분 물질들이 고르게 섞여 있지 않은 혼합물을 **불균일 혼합물**이라고 한다.

균일 혼합물(매실 음료)

《도덕 3》 185쪽

2 이황과 기대승은 '사단칠정*'에 대한 논변을 서한으로 주고받았다. 당시에는 장유유서의 수직적인 인간 관계가 지배하던 때였으므로, 사대부들은 학문을 하는 데 있어서도 권위주의적 방식으로 일방적인 전수만을 강조하는 형편이었다. 따라서, 선배의 이론에 의문을 제기하고 비판을 하는 자유로운 토론이 어려운 풍토였다. 이러한 풍토를 깬 것이 사단칠정 논변이다. 기대승이 선배의 이론에 반기를 들었지만, 이황은 넓은 아량으로 이를 받아들였다. 8년

*사단칠정 : 사단은 맹자가 실천 도덕의 근간으로 삼았던 측은지심(惻隱之心)·수오지심(羞惡之心)·사양지심(辭讓之心)·시비지심(是非之心)을 말하는 것이고, 칠정은 사람이 가진 일곱 가지 감정인 기쁨[喜]·노여움[怒]·슬픔[哀]·두려움[懼]·사랑[愛]·미움[惡]·욕망[欲]을 말하는 것이다.

③ 우리는 한때 기본적인 생존 욕구조차 충족하기 어려운 시기를 겪으면서, 삶의 질을 평가하는 과정에서 물질적이고 객관적인 조건만을 중시하는 풍조를 낳기도 하였다. 그러나 객관적인 조건만으로는 삶의 만족을 얻기에 충분하지 못하다. 경제 발전과 복지 정책으로 어느 정도는 물질적 욕구 충족에 만족하고 있지만, 오늘날의 우리가 느끼는 삶의 만족은 그것에만 머무르지 않는다. 자신이 얼마나 높은 수준의 삶을 누리며, 그 속에서 원하는 만큼의 즐거움을 찾느냐 하는 주관적 조건에 더욱 관심을 기울인다. 그 동안 물질적 풍요와 생활 안정을 일차적 관심사로 여기던 사고 방식에서 벗어나, 점차 삶의 질

객관적 요소   주관적 요소

《도덕 2》 117쪽

1 개념의 정의와 예가 있는 경우 :

2 개념이 책의 여백에 있는 경우 :

3 개념의 정의는 없고 요소(예)만 있는 경우 :

과학 교과서는 대개 한 단원의 내용을 개념도(구조도)로 그려 보이거나 학생들이 직접 그리도록 안내하고 있습니다. 아래 내용을 읽고, 개념 구조도를 직접 그려봅시다.

《과학 2》 97쪽 두산

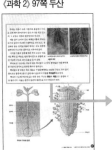

뿌리는 식물이 크게 자랄수록 흙알갱이 사이로 길게 뻗어 들어가면서 많은 가지를 치고 있으며, 그 모양은 식물의 종류에 따라 다르다.

예들 들어 보리와 같은 외떡잎식물의 뿌리는 굵기와 길이가 비슷한 수염뿌리로 되어 있고, 봉선화와 같은 쌍떡잎식물의 뿌리는 굵고 튼튼한 원뿌리와 가느다란 곁뿌리로 이루어져 있다.

이처럼 식물의 종류에 따라 뿌리 모양은 다르지만 뿌리 끝 부분을 잘라 현미경으로 관찰해 보면 비슷한 구조로 되어 있음을 알 수 있다.

(개) 외떡잎식물의 뿌리(수염뿌리)

(내) 쌍떡잎식물의 뿌리(곧은뿌리)

식물의 뿌리

뿌리의 끝 부분에는 무수히 많은 뿌리털이 나 있다. 뿌리털은 어린 뿌리의 끝 부분에 생기며 오래되면 죽어서 떨어진다.

뿌리털의 끝 부분은 죽은 세포로 구성된 뾰족하고 단단한 구조로 되어 있어 흙속으로 쉽게 파고들 수 있게 되어 있는데 이 부분을 **뿌리골무**라고 한다.

뿌리의 가운데 부분에 있는 대롱 같은 구조는 **물관**과 **체관**으로 물질의 이동 통로이다. 이들은 줄기의 물관과 체관으로 각각 연결되어 있다.

개념들 간의 관계를 그려 읽는 기술은 사회 과목이나 국사 과복을 공부할 때에도 매우 유용합니다. 어떤 과목이든지 단원 하나를 골라 개념 구조도를 그려봅시다. 상 · 하 개념을 이어주는 말은 생략해도 좋고요. 구조도 그리는 것이 익숙해지면 소주제 두 개를 합쳐 단원 전체의 개념 구조도를 그려보세요.

단계적으로 읽자

학년이 올라갈수록 배워야 하는 과목은 많아지죠? 거기다 같은 국어 과목이라도 더 복잡하고 어려워집니다. 혹시 국어든, 수학이든, 과학이든 무조건 읽고 쓰고 외우는 방법이 최고라고 생각하나요? 하지만 이래서는 효과적인 공부를 할 수 없답니다.

등산하기와 교과서 읽기

   등산해 보았나요? 오르는 길이 힘들기만 하다고요? 하지만 재밌고 유익하게 등산하는 방법이 있답니다.

   등산을 시작하기 전에 등산 안내판을 쭉 훑어봅니다. 등산 코스가 어떻게 나누어지고, 코스별로 거리는 얼마나 되는지, 대피소는 어디에 있는지. 그러면 등산을 어떻게 해야 할지 대략 계획이 세워집니다. 산을 오르는 중에는 나무와 기암괴석을 보고 자연의 신비함에 흠뻑 젖어 봅니다. 맑은 계곡 물에 발을 담그고 잠시 쉬면서 이름 모를 새소리도 감상해 보고요. 정상에 올라 시야를 멀리 하니 굽이굽이 흐르는 강줄기도 보이고 넓은 논밭도 보입니다. 산자락 밑에 집들이 옹기종기 모여 있는 마을이 참으로 정겹습니다. 안경 렌즈를 돌리듯, 죽 돌아보면 내가 오른 산이 어떻게 생겼는지 전체적인 형태를 알 수 있지요.

교과서 읽는 것도 마찬가지입니다. 전체 훑기를 하고 나서 부분 파악을 한 후에, 다시 부분 부분을 연결하여 전체적으로 이해하고 종합하는 과정을 거치면 읽기가 훨씬 쉬워집니다.

교과서 보기

대학생들을 가르치는 수업 도중에 이런 일이 있었습니다.

선생님 : 중·고등학교 때 교과서 읽는 방법을 수업 시간에 실천해 본 적이 있니? 어떤 읽기 방법이든 말해보자.

학생들 : 별로 없는데요.

선생님 : 혹시 국어 시간이나 사회 시간에 SQ3R 읽기 기술을 배운 적이 없어? 들어본 적은 있을텐데.

그때서야 '아하' 하면서 서너 명이 손을 들더군요.

오래 전 일이라 기억을 못하는 걸까요? 중학교 때에 한번은 들어보거나 실제 적용해 봤을 텐데 말이죠. 손을 들지 않은 학생들에게 중학교 국어의 '읽기' 영역에서 분명 본 적이 있을 거라고 말해줍니다. 중학교 《국어 2-1》의 '어떻게 읽을까' 중 효과적인 독서 방법을 소개한 내용에 근거해서 말입니다.

글 내용의 이해와 학습

> 첫째, 훑어보기 단계이다. 이 단계에서는 글을 자세히 읽기 전에 글의 중요 부분만을 훑어보고, 그 내용을 미리 생각해 본다.
>
> 둘째, 질문하기 단계이다. 이 단계에서는 글의 제목이나 소제목 등과 관련지어 글의 중심 내용이 무엇인지 마음 속으로 묻는다.
>
> 셋째, 자세히 읽기 단계이다. 이 단계에서는 글을 처음부터 끝까지 차분하게 읽어 나가면서 그 내용을 하나하나 확인하고 파악한다.
>
> 넷째, 되새기기 단계이다. 이 단계에서는 지금까지 읽은 내용들을 요약하여 정리해 본다.
>
> 다섯째, 다시보기 단계이다. 지금까지 읽은 모든 내용을 살펴보고 전체 내용을 정리한다.(요약)

▲ 《국어2-1》 260~262쪽

여러분은 "이미 교과서 읽는 기술을 공부했다"고 말할 수 있겠죠?

왜, 중요할까?

마음의 준비가 필요해

TV를 보거나 컴퓨터 게임을 한참 하는데 엄마의 잔소리가 이어집니다. 어쩔 수 없이 TV와 컴퓨터는 끄고 교과서를 펼쳤는데, 바로 교과서를 읽으려니 자꾸 딴 생각이 나네요. 은아는 글자는 눈에 들어오는데 내용이 머릿속에 들어오지 않고, 지훈이는 게임하던 화면이 눈 앞에 아른거려 책을 덮어버리고 창 밖만 계속 멍하니 보고 있네요. 이런 경험, 여러분도 한번쯤은 있었나요?

　수영할 때, 바로 물에 들어가면 안 되죠? 준비운동을 해서 몸을 풀어줘야 하죠. 물을 몸에 좀 적셔주기도 하고요. 마찬가지입니다.

　교과서를 읽을 때에도 읽을 마음의 준비가 필요하답니다.

　교과서를 읽기 전에 전체적으로 훑어보기를 하고 시작해 보세요. 잡념이 없어져 마음이 차분해지고, 읽는 목적이나 초점이 분명해집니다. 그러면 집중력이 생겨 중간에 읽기를 포기하는 일도 막을 수 있을 거예요.

부분과 전체의 조화

지훈 : 소설이나 동화책, 만화책은 처음부터 끝까지, 한번에 쭉 읽어가도 시간 가는 줄 모르겠어요.

은아 : 하지만 교과서는 그렇지 않아요. 한번에 읽기가 힘들거든요. 각 단락의 내용도 파악해야 하고 글 전체의 내용도 알아야 하니까요.

　소설이나 만화책과 달리 교과서를 읽을 때는 부분 부분을 정확하게 읽고 이해하는 동시에 전체적인 내용을 파악하는 능력도 필요합니다. 그러자면 어떻게 해야 할까요? 은아처럼 서둘러 한번에 읽으려고 하지 말고 산 정상에 오르기 위해 한 걸음 한 걸음 밟아 나가듯, 교과서를 단계적으로 읽는 연습을 많이 해야 합니다.

　읽기는 읽었는데 내용들 간의 관계가 잘 잡히질 않는다고 "나는 독해력이 부족한가 보다" 하고 너무 괴로워 마세요. 여러분 능력이 부족해서가 아니

부드럽게 워밍업!
자동차 운전을 할 때도 시동을 켠 후에 바로 출발하지는 않잖아요? 예열(warm-up)을 해야 자동차가 부드럽게 나가고 수명도 길어집니다.

라 교과서를 단계적으로 읽는 습관이 들지 않아서 그럴 뿐이니까요.

읽기 기술의 백화점

교과서를 단계적으로 읽는 방법을 알게 되면, 여러 가지 읽는 방법들이 동시에 적용된다는 것을 알게 될 겁니다. 우선 읽는 이유나 초점을 스스로 찾다 보면 질문하는 요령(7장)이 생기고, 읽은 내용을 내 것으로 만드는 단계에서는 표시하며 읽는 기술(6장)도 적용해야 합니다. 각 단락이나 소제목들을 연결하여 종합하는 단계에서는 요약하는 요령이나 시각적으로 정리하는 방법(9장)도 저절로 연습하게 될 겁니다. 그뿐인가요. 중심 생각이나 세부 정보를 파악하는 기술(5장)은 단계적으로 읽는 기술에서 가장 중요한 것이지요.

그러니까 교과서를 단계적으로 읽는 일은 중요해요. 교과서를 읽기 전에 교과서를 왜 읽는지 알고, 교과서를 읽으면서는 개념과 문장, 문단으로 범위를 넓혀가며 읽고, 부분과 전체를 볼 수 있게 되는 거죠. 그러면 각 단계를 요약하거나 정리하기도 훨씬 편해요. 분석까지 척척 해낼 수 있답니다. 그러니 교과서 읽기의 종합 백화점인 것이죠.

원리, 잡아보자

여기서는 단계적으로 읽는 효율적인 방법들을 소개할 거예요. 조금 생소할 수도 있지만 방법들이 나올 때마다 입으로 연습하며 익숙해지도록 해보세요.

1. 두루 적용하기 좋은 SQ3R

교과서를 읽는 기술로 유명한 SQ3R은, 1970년대 로빈슨(Robinson)이 글을 효과적으로 읽고 기억하기 좋도록 제시한 읽기 방법입니다. 국어, 사회, 국사, 도덕, 과학 등 과목을 읽을 때 실천해 본 친구들도 있을 거예요.

훑어보기(S)

그림 그릴 때 무턱대고 색칠부터 하나요? 아니죠. 먼저 밑그림을 그립니다. 훑어보기(Survey)도 마찬가지입니다. 밑그림은 내가 구상한 내용을 어떻게 표현할 것인지 방향을 잡아주니까요. 미리 훑어보는 것은 등산로 입구에 설치되어 있는 등산 안내판을 보고 산의 전체적인 형세를 파악하여 코스를 정하는 것과 같지요.

한 단원을 읽기 전에 학습 목표나 소제목 등을 잠시 훑어보면 읽을 내용이 어떻게 짜였는지 전체적인 모습을 한눈에 파악할 수 있고, 그것이 배경 지식

로빈슨(Robinson)은 누구?
오하이오 주립대학에서 대학생들을 가르치면서 1941년 읽기 기술 모형을 개발했죠. 하지만 대학생뿐 아니라 중·고등학생들을 위해서도 널리 사용되고 있답니다.

SQ3R
Survey: 훑어보기
Question: 질문하기
Read: 자세히 읽기(R1)
Recite: 암송하기(R2)
Review: 종합하기(R3)

이 되어 자세히 읽을 때 훨씬 이해가 잘 되겠지요? 요령을 살펴볼까요.

3분으로 예습 끝!
SQ3R방법을 3~5분 정도 한다면 예습 효과를 충분히 볼 수 있답니다. 평소 예습을 잘 하지 않는 친구들은 한번 시도해 보세요. 이 정도만 투자해도 돼요?하는 의문이 없어질 테니까요.

1. 학습 목표, 소제목, 학습 활동을 살펴보자.

2. 그림, 지도, 그래프 등을 간단히 훑어보자.

3. 진하게 표시하였거나, 본문과 다른 글씨체로 된 핵심 용어를 살펴보자.

4. 문단의 첫 문장을 읽어보자.

5. '요약, 정리' '부분, 심화' 학습 문제 등이 함께 있다면 읽어보자.

어때요? 맘만 먹으면 어렵지 않겠죠? 그렇다고 여기에 너무 많은 시간을 들이면 오히려 좋지 않습니다. 3~5분 정도면 충분합니다. 굳이 오랜 시간을 들이지 않아도 돼요.

질문하기(Q)

본문 내용을 읽기에 앞서 소제목을 질문(Question)의 형태로 만드세요. '자유주의의 발전' 이 소제목이라면, '자유주의를 어떻게 정의해야 하나?', '언제부터 자유주의가 시작되었나?' 처럼 의문문으로 바꾸어 보는 것이지요. '자유주의의 발전' 이라는 포괄적인 말보다 초점이 더 명확해지지 않나요?

이렇게 하면, 앞으로 읽을 내용에 대한 호기심이 생기고 주의집중이 잘 되겠죠. 질문을 잘 만들수록 읽기의 초점과 방향이 분명해집니다. 내비게이션의 정확한 위치를 입력해야 쉽게 길을 찾아갈 수 있는 것처럼, 질문하기를 구체적으로 하면 내용을 쉽게 파악할 수 있습니다.

'질문하기'의 다른 예
'경제가 발달한 일본' 이 소제목일 경우 어떤 질문을 생각할 수 있을까요?
은아 : 일본이 경제가 발달한 이유는 무엇일까?
지훈 : 특히 어떤 분야가 두드러지게 발달했을까?

그런데 어떤 교과서는 소제목이 질문 형식으로 되어 있는 경우가 있더군요. 이때는 굳이 다시 만들지 말고, 교과서에 나온 질문의 의미를 생각하면 되겠지요.

1. 큰 제목과 소제목을 의문문이나 질문 형태로 바꾸어보자.
2. 학습 목표나 학습 문제, 학습 활동 등을 의문문으로 만들자.
3. 분석적이고, 비판적인 자세로 소제목을 살펴보자.
4. 다양한 생각이 가능하도록 질문을 만들자.
5. 질문을 잘 만들겠다고 너무 많은 시간을 소비하지 말자.

자세히 읽기(R1)

질문에 대한 정확한 답을 찾기 위해서는, 소제목별로 꼼꼼히 읽어봐야 (Read) 합니다. 이 단계는 다섯 단계 중 가운데에 해당되지만, 읽은 내용을 완전하게 파악하기 위해서도 가장 중요합니다. 한 단락이나 소제목이 이해가 안 되면, 그 다음 내용도 이해가 안 되고, 그러면 또 책을 덮어버릴지 모르니까요.

1. 소주제나 소제목별로 읽자.
2. 질문에 대한 답을 찾는데 초점을 두고 읽자.
3. 질문과 관련된 문장이나 단어에는 밑줄 긋기 등을 하자.
4. 내가 생각한 답이 정확한 것인지에 대해 깊이 생각해 보자.

암송하기(R2)

하나의 소주제(소제목)를 읽은 다음에는 책에서 눈을 떼고, 질문에 대한 답이나 핵심 사항을 암송(Recite)해 봅니다. 질문에 대한 답을 나의 것으로 만드는 과정이지요. 처음에는 잘 외워지지 않지만 반복적으로 해보세요. 무엇보다 읽고 이해한 후 바로 암송하면, 암기가 더 잘 됩니다.

1. 책에서 눈을 떼고 질문들에 대한 답을 말해 보자.
2. 자신의 말로 표현하고 적절한 예를 들어보자.
3. 암송이 잘 되지 않으면 읽은 내용을 다시 훑어보자.
4. 책의 여백이나 다른 종이(포스트잇 등)에 요점을 간략히 적으면서 암송하자. 이 과정은 여러 번 해도 좋다.
5. 생각한 답이 정확한 것인지에 대해 생각해 보자.

은아 : 외우는 것은 시험을 바로 코앞에 두고 벼락치기 할 때 더 효과가 좋다는 친구들도 있어요. 그때 바짝 하는 거죠.

암기는 벼락치기의 핵심 기술이라고 하며 시험 기간에 집중적으로 하면 된다고 생각하는 친구들이 있죠. 하지만 이는 오히려 능률을 떨어뜨린답니다. 잘 외워지지도 않고 금세 잊어버리게 돼요. 암기를 잘 하기 위해, 읽은 직후에 바로 암송하는 습관을 들이세요. 이 때 외운 내용은 몇 시간 후나 다음 날 다시 반복해 완전히 자기 것으로 만드는 것도 필요합니다.

지훈 : 저는 외울 때 노트에 쓰거나 정리하면서 외워야 잘 외워져요.

이런 친구들이 꽤 많죠? 하지만 암송하기 단계에서 전체 단원을 끝내기 전에는, 노트정리를 하지 않는 게 좋습니다. 옆 사람에게 방해되지 않는다면 머릿속으로만 하지 말고 작은 소리로 암송해 보세요. 효과가 좋답니다.

종합하기(R3)

소제목별로 읽고 외우기를 했으면 이제 이것들을 하나로 모아 지식 덩어리를 만들어봅시다.(Review) 관계를 잘 연결해 모아보면 글 전체가 보이겠죠? 정상에 올라 한눈에 산 전체를 내려다보는 것처럼 말입니다.

1. 읽기 단계에서 밑줄 치거나 여백에 메모한 내용을 읽자.
2. 각 소제목이나 단락의 핵심 내용, 질문에 대한 답을 간단하게 요약하자.
3. 암송하기(4단계)의 내용을 묶어(종합하여) 요약하자.
4. 단원의 말미에 제시된 연습문제를 풀어보자.
5. 시험에 나올 만한 문제를 생각하며 답을 써보자.
6. 중요한 내용을 학습카드 등에 정리하자.

실전에서 사용하기

1. 훑어보기	2. 질문하기	3. 자세히 읽기	4. 암송하기	5. 종합하기
단원 전체 대상		각 절이나 소제목 대상		단원 전체 대상

SQ3R은 이렇게 이용해 보자

1 훑어보기 – 질문하기 – 종합하기는 단원 전체를 대상으로 하고, 읽기와 암송하기는 절이나 소제목을 대상으로 한다.

2 수업 준비, 복습 활동으로 삼는다. 예컨대 훑어보기와 질문하기는 예습활동으로, 종 합하기는 복습활동으로 하면 좋다. 짧은 시간이지만 효과가 좋다.

3 SQ3R을 적용할 때, 내가 잘하고 있는지 스스로 모니터 하는 양식을 만들어놓고 활 용해 가면서 연습한다.

실천한 내용 넣기

훑어보기 S	1. 단원제목 – 관광 산업이 발달한 제주 특별자치도 2. 학습 목표 3개 3. 소제목 2개 4. 폭포사진, 동굴사진, 한라산 그림, 귤밭사진, 전통가옥사진 등
질문 만들기 Q	1. 제주도의 지형은 어떤 특징이 있을까? 2. 제주도의 기후는 다른 지역과 어떻게 다를까? 3. 제주도의 자연 환경을 어떻게 이용한 산업들이 있을까? 4. 제주도에는 어떤 관광 자원이 있을까?
자세히 읽기 R1	1. 화산섬(백록담–한라산), 기생화산, 용암동굴, 절벽, 폭포, 현무암 2. 강수량↑, 기온↑, 북서풍(바람), 고도에 따른 기온 분포(식물) 3. 논X, 밭O, 따뜻한 기후로 맥주보리, 감자, 당근, 양배추, 유채, 감귤 – 농업 초지에서 목축업(고기소·젖소·말), 바다(갈치·도미), 해녀 4. 한라산 국립공원, 용암동굴, 폭포, 해수욕장, 목장, 감귤밭 언어, 풍 속, 가옥

암송하기 R2	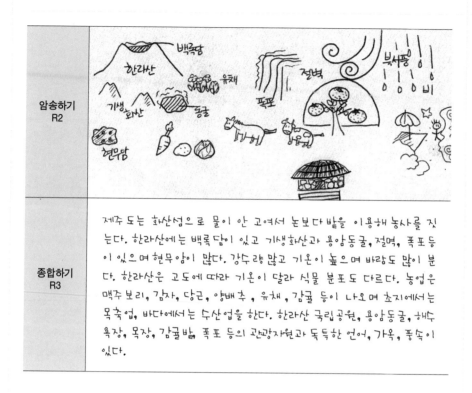
종합하기 R3	제주도는 화산섬으로 물이 안 고여서 논보다 밭을 이용해 농사를 짓는다. 한라산에는 백록담이 있고 기생화산과 용암동굴, 절벽, 폭포 등이 있으며 현무암이 많다. 강수량 많고 기온이 높으며 바람도 많이 분다. 한라산은 고도에 따라 기온이 달라 식물 분포도 다르다. 농업은 맥주보리, 감자, 당근, 양배추, 유채, 감귤 등이 나오며 초지에서는 목축업, 바다에서는 수산업을 한다. 한라산 국립공원, 용암동굴, 해수욕장, 목장, 감귤밭 폭포 등의 관광자원과 독특한 언어, 가옥, 풍속이 있다.

SQ3R 실천 모니터링 양식

훑어보기 S	1. 단원의 제목은 무엇입니까? 2. 학습 목표나 연습문제 등을 살펴보았습니까? 3. 소제목을 읽어보았습니까? 4. 그림이나 사진을 살펴보았습니까?
질문 만들기 Q	1. 소제목별로 질문을 만들었습니까? 2. 질문이 높은 수준의 사고를 자극하는 내용이었습니까?

자세히 읽기 R1	1. 문단이나 소제목 단위로 끊어 읽었습니까?
	2. 질문에 대한 답을 했습니까? 그 답은 정확한 것입니까?
	3. 이미 알고 있는 내용과 관련지어 생각해 보았습니까?
암송하기 R2	1. 책을 보지 않고, 질문에 대한 답을 암송해 보았습니까?
	2. 방금 읽은 내용을 암송할 수 있었습니까?
종합하기 R3	1. 소제목별로 각각의 요점을 간단히 적어 보았습니까?
	2. 전체 내용을 서너 문장으로 요약했습니까?
	3. 시험에 나올 만한 문제를 생각해 보았습니까?

2. 수학 공부에 좋은 SQRQCQ

은아 : 수학에도 읽기 요령이 필요한가요? 수학은 그냥 계산을 잘 해서 정
　　　답을 맞히면 되잖아요?

　수학은 숫자를 푸는 것이라고만 생각하나요? 하지만 수학 문제를 풀기 위
해서도 읽기 기술이 필요합니다. SQRQCQ는 수학 문제를 읽고, 답을 찾는데
필요한 정보를 정확히 찾아내는 능력을 강조하는 공부 기술입니다. 특히 문
장제 문제를 잘 풀려면 읽기 기술을 갖고 있어야 합니다. 문장제 문제는 중심
문장을 찾아내고, 문제를 해결하는데 중요하지 않은 문장은 무시하거나 삭제

하면서, 문제가 요구하는 정확한 의미를 포착하는 능력이 핵심이니까요.

문제의 대강 파악하기(S)

무엇에 관한 문제인지 대략적으로 이해하기 위해 먼저 지문(指文) 전체를 '빠르게' 읽어야(Survey) 합니다. 문제를 읽고 이해하지 못한 용어나 표현이 있으면 문제를 제대로 풀 수 없으니까요. 평소 공부할 때, 문제를 읽고 이해하지 못하는 내용이 있으면 그냥 넘어가지 말고 선생님에게 여쭙거나 용어 사전을 찾아보세요.

예) "아, 질량을 구하는 문제구나", "도형의 각도를 맞히는 문제구나", "총 몇 개인지 맞히는 문제구나" 등

첫째 질문하기(Q1)

문제의 의미를 대략적으로 파악하였으면, 문제를 질문(Question)의 형태로 바꾸어보세요. 문제를 푸는 데 필요한 것이 무엇인지 스스로 질문하는 것입니다. 문제를 소리 내어 읽거나 그림으로 표시해 보는 것도 좋은 방법입니다.

예) "이 물과 저 물의 질량 차이는 얼마인가", "다각형의 한 쪽 각도는 얼마인가", "총 네 군데에서 산 물건은 몇 개일까?"

문제 자세히 읽기(R)

이제, 문제를 자세히 읽으세요.(Read) 문제 해결에 필요한 모든 정보를 찾아내고 표시도 해보세요. 또, 문제를 푸는 데 도움이 되지 않거나 관계가 없

문장제 문제란?

문장제 문제는 주변에서 일어나는 여러 상황들을, 숫자가 함께 포함된 문장으로 표현한 수학문제를 말해요. 계산 문제와 다르게 글로 표현하고, 숫자와 문장이 뒤섞여 있기 때문에 대부분의 학생이 어려워하죠. 하지만 시험에서 점차 비중이 높아지고 있어요.

SQRQCQ

Survey:
문제의 대강 파악하기
Question:
첫째 질문하기
Read:
문제 자세히 읽기
Question:
둘째 질문하기
Compute:
계산하기
Question:
셋째 질문하기

는 문장이나 정보도 찾아내세요. 이 단계에서는 문제를 해결하는 데 필요한 정보와 필요 없는 정보를 정확히 구분하는 것이 핵심입니다.

둘째 질문하기(Q2)

문제에 대한 답을 찾으려면 어떤 순서로, 또는 어떤 계산 절차를 거쳐야 하는지 생각해야 합니다. 어떤 공식이 필요한지 스스로 질문(Question)하라는 거지요. 앞에서 찾은 정보를 종합하여 문제를 푸는 절차를 간단히 써보세요.

계산하기(C)

계산 절차와 공식을 찾는 '둘째 질문하기'에 기초하여, 시험지의 여백이나 다른 종이에 문제의 핵심을 쓰고 계산(Compute)합니다. 그런 다음, 계산한 것이 정확한지 확인한 후에 맞는 답에 체크합니다.

셋째 질문하기(Q3)

답을 기술하거나 체크한 다음에는 그 답이 의미가 통하는지 확인해야 합니다(Question). 찾아낸 답지가 문제 속의 구체적인 사실(정보)들과 어울리지 않는다고 생각되면, 의미가 통하는 답지를 찾을 때까지 앞의 단계를 밟으세요.

수학 실력이 곧 읽기 실력이라는 말을 이제 공감할 수 있겠지요? 각 단계에서 해야 할 실천 내용을 잘 살펴보고 요령을 확실히 잡아보세요.

SQRQCQ 적용 예

은아가 배를 타고 호숫가의 두 지점 A, B 사이를 왕복하는데, 갈 때에는 시속 30km로 올 때에는 시속 20km로 운행하여 2시간 걸렸다. 두 지점 A, B 사이의 거리를 구하라.

1. 문제 대강 파악하기

– 무엇에 관한 문제인가요?

거리, 시간, 속력 사이의 관계를 묻는 문제이다. 더 구체적으로 속력과 시간을 알려주고서 거리를 구하라는 방정식 문제이다.

– 생각한 내용이 확실합니까? (예, 아니요)

– 지문 중에 모르는 내용이 있습니까? 그것이 무엇인지 생각해 봅시다.

2. 첫째 질문하기 → 문제를 의문문으로 바꾸기

– 문제를 쉽게 이해하려면 어떻게 하면 좋을까요?

그림으로 표시한다.

– 문제를 의문문으로 만들어보세요.

A, B 사이의 거리는 얼마인가요?

3. 문제 자세히 읽기→답을 구하기 위해 필요한 정보 써보기

- 필요한 정보를 줄여 써봅시다.

정보1. A에서 B로 갈 때의 속력: 시속 30km

정보2. B에서 A로 갈 때의 속력: 시속 20km

정보3. 왕복 시간: 2시간

- 필요 없는 정보는 선을 그어 지웁시다.

4. 둘째 질문하기→문제의 해결 절차(공식) 생각하기

① 시속과 시간의 단위가 같으므로, 단위를 바꿀 필요 없다.

② 거리, 속력, 시간의 관계 생각하기. 거리=시간×속력

③ 구하고자 하는 A, B 두 지점 사이의 거리를 x로 한다.

④ 갈 때 걸린 시간: $\dfrac{x}{30}$, 올 때 걸린 시간: $\dfrac{x}{20}$

⑤ 계산식: $\dfrac{x}{30} + \dfrac{x}{20} = 2$

5. 계산하기→빈 종이나 시험지의 여백에 문제 풀기

- 식을 쓰고 풀어봅시다.

$\dfrac{x}{30} + \dfrac{x}{20} = 2$

→ $2x + 3x = 120$ (∵ 양변에 30과 20의 최소 공 배수 60을 곱해서 정수로 만든다)

→ $5x = 120$

→ $x = 24$ 즉 A, B 두 지점 사이의 거리 = 24 km

- 계산이 정확한지 확인한 다음에 맞는 답에 체크합시다.

6. 셋째 질문하기→답이 의미가 통하는지 확인하기

– 왜, 체크한 것이 답이라고 생각합니까? 답의 힌트가 될 만한 것을 말해 봅시다.

검산: 갈 때 걸린시간 $\frac{24}{30}$ 시간, 올 때 걸린시간 $\frac{24}{20}$ 시간.

즉, $\frac{24}{30} + \frac{24}{20} = 0.8 + 1.2 = 2$ 시간

3. 문학 작품에 적합한 RVOKER

지훈 : 작가의 감정이 담긴 글들을 읽는 데에도 방법이 있나요?

은아 : 국어나 언어 영역의 문학 부분에 보면 작가의 심정이나 상황을 추리 해내는 문제도 많은데, 그걸 잘 알아내는게 쉽지는 않은 것 같아요.

그렇죠? 문학 영역은 확실히 설명문이나 논설문 등과는 다른 글 읽기가 필요해요. RVOKER는 시나, 수필, 소설 등 이야기체의 글을 읽는 데 알맞은 읽기 기술입니다.

전체 읽기(R)

첫 단계로, 글이 전하는 주제나 메시지를 파악하기 위해 전체 내용을 다 읽습니다(Read). 문학 작품은 세세한 내용보다는 전체적인 줄거리나 주제를 감상하는 데 초점이 있기 때문이겠죠. SQ3R의 훑어보기와는 다르지요.

RVOKER

Read: 전체 읽기
Vocabulary: 잘 몰랐던 어휘 알기
Oral reading: 소리 내어 읽기
Key ideas: 핵심 아이디어 찾기
Evaluate: 평가하기
Recapitulation: 요점 다시 읽기

어휘 알기(V)

읽으면서 사람, 장소, 사건뿐만 아니라 생소한 용어나 단어(Vocabulary) 등에 주의를 기울여야 합니다. 문학 작품은 과거에 이루어진 일을 다루는 경우가 많아서 현재에는 더 이상 사용하지 않는 어휘가 등장하기 때문이지요.

아마 주변에서 어떤 소설(예로 박경리의 '토지')에 등장하는 관련 사전을 따로 발간한 경우를 본 적이 있을 텐데 바로 어휘 때문에 그렇습니다. 그러니 고전 소설이나 민담 등을 읽을 때에는 고어사전을 옆에 놓고 읽는 습관을 들이는 게 좋겠죠?

소리 내어 읽기(O)

시나 소설, 수필 등 문학 작품을 읽을 때에는 어느 정도는 소리 내어 읽는 (Oral reading) 것이 좋습니다. 그러면 주인공이나 작가의 감정이나 형편을 더 깊이 있게 이해하고 감상할 수 있어요.

핵심 아이디어 찾기(K)

문단에서 전하는 메시지를 포함하여 핵심적인 아이디어나(Key ideas) 주제를 찾습니다.

평가하기(E)

핵심이 되는 단어나 문장들을 확인하고, 그것들이 어떻게 전체적인 중심 생각이나 주제와 관련되는지를 판단해 봅니다(Evaluate).

6. 요점 다시 읽기(R)

마지막으로, 핵심이 되는 요점 부분을 다시 읽습니다(Recapitulation).

4. 쓰기 연습이 저절로 되는 ROWAC

읽기와 쓰기는 한 몸처럼 움직인다고 했죠? 읽기 방법이 있으니 이제 쓰기 방법이 등장할 때가 되었네요. ROWAC는 글을 쓰는 훈련이 자연스럽게 이루어지는 읽기 기술입니다. 글을 잘 쓰고 싶다면 자주 활용해 보세요.

읽기(R)

읽을 내용의 제목과 소제목을 읽습니다(Read). 그러면 읽을거리의 대체적인 윤곽을 파악할 수 있겠죠. 특히, 이 단계에서는 읽을 내용에 대해 이미 알고 있는 배경 지식을 떠올리는 데에도 초점을 둡니다.

조직하기(O)

제목과 소제목을 연결하여, 자신이 좋아하는 방법으로 조직(Organize)합니다. 개요 작성하기, 마인드 맵, 개념지도 그 어떤 것을 써도 상관없지만, 나중에 요점을 파악하기에 좋은 조직 형식을 선정하는 것이 좋습니다.

쓰기(W)

'조직하기'에서 사용한 조직 형식에 앞으로 읽을 내용을 예상해서 한두

ROWAC
Read: 읽기
Organize: 조직하기
Write: 쓰기
Active reading: 적극적
으로 읽기
Correct predictions:
예측 교정하기

문단으로 작성(Write)합니다. '어떤 종류의 글인지', '글쓴이가 무엇을 말하고자 하는지' 등을 자유롭게 예상해 봅니다.

적극적으로 읽기(A)

적극적으로 읽는(Active reading) 단계입니다. 단순히 읽기만 하는 게 아니라 2단계에서 예측한 것이 맞는 것인지, 그 예측이 읽고 있는 내용과 차이가 있다면 왜 그런지를 확인하면서 읽어봅니다. 또 조직 형식에 정보를 기록하면서 읽어야 합니다. 단순히 교과서에 있는 글을 읽고 이해하는 데 그쳐서는 안 된다는 것이겠죠?

예측 교정하기(C)

적극적으로 읽고 나서 3단계에서 쓴 예상 문단을 고쳐야 겠죠(Correct predictions). 3단계에서 쓴 것은 말 그대로 '예상'이니까요. 하지만 여기서 '고친다'는 것은 완전히 새로 쓴다는 의미가 아닙니다. 쓴 내용에 '강조하기' 표시를 한다거나 아이디어를 첨가할 수도 있고, 불필요한 내용은 삭제할 수도 있습니다. 물론 여기서 고친 글은 최종적인, 완전한 것이어야겠죠?

잊지 말자! 단계적으로 읽는 기술들은 여러 방법에 두루 적용할 수 있어 유용하다. SQ3R은 대부분의 교과에 두루 쓸 수 있고 수학 문제를 푸는 데는 SQRQCQ이 좋다. 소설에는 RVOKER를 적용시켜 보자. ROWAC로는 쓰기 연습도 겸해서 할 수 있다.

자, 어떤가요? 여러 글을 읽으면서 거기에 맞는 방법들을 한번 적용시켜 보세요. 글에 따라 골라 쓰는 재미가 있을 거에요.

은아 : 교과서는 먼저 찬찬히 훑어보고 전체를 살펴보는 게 좋겠어요.

지훈 : 그런 다음에는 단계적으로 차근차근 읽어 나가면 되고요.

은아 : 단계적으로 읽으면서 글의 목적을 찾고, 각 요소들을 종합하고 거기서 핵심 정보를 알게 되는 과정을 거치게 되는 거죠.

지훈 : 단계적으로 읽는 것은 수학이나 과학에도 필요할 것 같아요. 요즘에는 수학·과학 문제도 길어져서 풀기도 전에 무슨 문제인지도 모를 때가 있어요.

은아 : 맞아요. 요즘 시험들은 긴 문제들이 너무 많다니까요. 그러니까 어떤 글이라도 제대로 이해하려면 글의 종류에 따라 3장에서 배운 방법의 단계들을 효과적으로 적용할 수 있을 것 같아요. 왠지 맞춤 학습을 한 기분인데요?

지훈 : 정말이에요. 어떤 글이든 배운 데로 단계만 잘 따라가면, 그 다음 단계는 훨씬 쉬워질 것 같아요.

확인해보자

01 1. SQ3R은 사회, 국사, 도덕, 기술 가정 등 대부분의 교과에 두루 적용하기에 좋은 '단계 적 읽기 방법' 이다. (예, 아니오)

02 2. SQ3R의 훑어보기 단계에서 하는 활동을 모두 고르세요.
① 학습 목표, 소제목, 학습 활동을 살펴본다.
② 그림, 지도, 그래프 등을 간단히 훑어본다.
③ 소제목을 질문 형식으로 만든다.
④ '요약, 정리' 부분, 심화 학습 문제 등을 읽어본다.

03 3. SQ3R를 실천할 때, ① 훑어보기, ② 질문하기, ⑤ 종합하기는 단원 전체를 대상으로 하고, ③ 자세히 읽기와 ④ 암송하기는 각 절이나 소제목을 대상으로 한다. (예, 아니오)

04 4. SQRQCQ는 수학의 문장제 문제를 풀 때 적용할 수 있는데, 수학 실력은 읽기 실력임을 강조한다. (예, 아니오)

05 5. SQ3R을 포함하여 단계적으로 읽는 기술을 어떻게 실천할 것인지 계획해 봅시다.

지금까지 교과서를 단계적으로 읽는 기술을 익혀봤습니다. 원리를 공부했으니, 실천을 해야 비로소 '내 것'이 되겠죠?

STEP 1

교과서를 단계적으로 읽는 기술 중에 SQ3R을 중학교 국사 공부에 적용해 봅시다. 국사 교과서는 소단원의 각 절이 질문 형식으로 되어 있고, 책의 여백에도 질문이 더 만들어져 있어요. 그러니 둘째 단계인 '질문 만들기'는 다시 만들지 않아도 되겠죠. 물론, 익숙해 지면 절의 질문을 따르되, 하나 정도 더 생각해 보는 것도 좋겠죠? 처음에는 소단원 하나를 갖고 연습해 봅니다. Ⅷ. 주권 수호 운동의 전개 중에 소단원, 1. 독립협회와 대한제국을 갖고 실천해 봅시다.

훑어보기 S	
질문만들기 Q	
자세히 읽기 R1	
암송하기 R2	
종합하기 R3	

교과서를 단계적으로 읽는 기술은 수학 공부에도 도움이 된다는 사실, 기억하죠? 프롤로 그에서 본 서울 과학고를 졸업한 수학 고수들이 실천한 RUFSCA 방법이나 지은이가 소개한 SQRQCQ 등은 이 둘이 서로 비슷하죠? 3장의 본문에 있는 예를 보면서 SQRQCQ 방법으로 아래 문제를 풀어봅시다.

현재 지훈이는 30,000원, 은아는 14,000원이 예금되어 있다. 다음 달부터 매월 지훈이는 500원씩, 은아는 1,500원씩 예금한다고 가정할 때, 몇 개월 후에 지훈이의 예금액보다 은아의 예금액이 많아지겠는가?

1. 문제 대강 파악하기.
  ① 무엇에 관한 문제인가요?
  ② 생각한 내용이 확실합니까? (예, 아니오)
  ③ 지문 중에 모르는 내용이 있습니까?

2. 첫째 질문하기→문제를 의문문으로 바꾸기.
  ① 문제를 쉽게 이해하려면 어떻게 하면 좋을까요?
  ② 문제를 의문문으로 만들어보세요.

3. 문제 자세히 읽기→답을 구하기 위해 필요한 정보?
  ① 필요한 정보를 줄여 써봅시다.
  ② 필요 없는 정보가 있으면, 선을 그어 지웁시다.

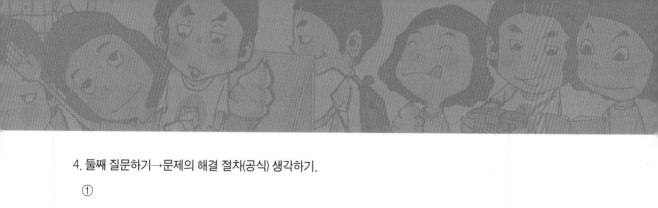

4. 둘째 질문하기→문제의 해결 절차(공식) 생각하기.

　　①

　　②

　　③ 계산식 :

5. 계산하기→빈종이나 시험지의 여백에 문제 풀기(식을 쓰고 풀어보기).

6. 셋째 질문하기→답이 의미가 통하는지 확인하기(답의 힌트 찾기).

검산 :

어제 본 영화에 대한 글을 써보라고 한다면 여러분은 어떻게 쓰겠어요? 지훈이는 개인적인 감상을 썼고 은아는 영화에 대한 정보를 썼습니다. 물론 각기 다른 종류의 글을 쓰기 위해서는 문장들을 가지고 거기에 따른 구조를 만들어야 할 겁니다.

글의 구조가 보이니?

물질의 3가지 상태는 무엇이지요? 고체·액체·기체, 딩동댕~그렇습니다. 그럼 오른쪽 그림에서 각각의 구조를 구별할 수도 있겠죠?

이것은 사람의 눈과 사진기의 구조를 비교하여 나타낸 것입니다. 눈과 사진기의 구조를 보고, 서로 같은 기능을 하는 요소들을 찾을 수 있겠어요? 눈꺼풀과 사진기의 셔터는 빛을 차단하는 기능을 하고, 눈의 홍채와 사진기의 조리개는 빛의 양을 조절하는 기능을 하잖아요.

이처럼 글에도 구조가 있답니다. 물론 글에 따라 구조가 다릅니다. 때문에 글을 읽고 요점을 잘 파악하려면 문장들의 구조에 따라 연결 관계를 분석하는 능력이 있어야 합니다.

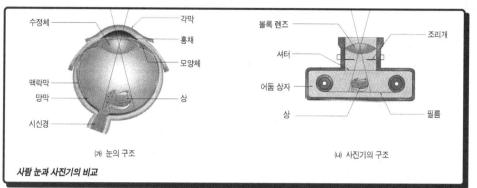

사람 눈과 사진기의 비교

㈎ 눈의 구조　　㈏ 사진기의 구조

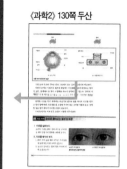

《과학2》 130쪽 두산

교과서 보기

[1]유럽 통합은 사람, 상품, 자본, 서비스, 노동 등이 자유롭게 이동할 수 있도록 국가 간에 모든 장벽을 없애는 것을 의미한다.

① EU에 가입한 국가들 간에는 입국 및 출국 수속없이 다른 나라에 갈 수 있으며, 관세를 내지 않고, 물건을 사고 팔 수도 있다.

② 또 회원국 어디든지 살고 싶은 나라에 가서 살 수 있고, 직업도 가질 수 있다.

③ 개인이 다른 나라의 은행에 예금을 하거나 돈을 빌릴 수 있으며, 회사를 설립할 수도 있다.

④ 회원국 어디에서나 쓸 수 있는 공동 화폐인 유로(EURO)화를 사용하고 있으며, 대외적으로 경제 단위가 커져서 미국, 일본 등과 경쟁하는 데도 유리한 입장을 갖게 되었다.

《사회1》 190쪽 금성출판사

교과서에 나온 글을 이해하기 좋게 나타낸 것입니다. 글의 중심 개념(유럽 통합)과 그 의미, 그것의 구체적인 예를 들었네요. 보다 큰 의미를 지닌 문장 1과 그것의 구체적인 사실을 말해주는 문장(①~④) 간의 관계를 차례차례 보여주니, 요점을 파악하기에 더 좋지요.

왜, 중요할까?

누가누가 교과서를 잘 보나

교과서에 실린 글의 구조를 파악하는 기술은 무척 중요합니다. 학교 시험은 거의 100% 교과서에서 출제된다는 게 사실이니까요. 그럼 금방 답이 나올 겁니다. 그러니까 내신 성적을 잘 받으려면 교과서에 실린 글의 구조를 파악하는 기술을 익히는 것이 필수적이지요.

그뿐인가요. 고등학교에 가면 교과 내용이 훨씬 복잡해지고 길어집니다. 수능(수학능력시험)의 지문은 어떻고요. 굉장히 길잖아요. 문장들은 글을 뼈대처럼 받쳐주고 있어요. 그러니 이 문장들 간의 관계를 빨리 알면 복잡한 내용도 쉽게 이해하겠죠? X레이를 보듯 한 번에 구조를 볼 수 있으니까요.

읽기와 쓰기는 한 몸

요즘 논술시험에 대한 관심들이 정말 대단합니다. 논술은 어떤 사실이나 현상을 정확하게 기술하거나 설명하고, 근거를 들어 자신의 주장을 논리적으로 밝히는 것입니다. 그러니까 글을 읽을 때는 어떤 사실에 대한 글쓴이의 주장과 그 근거가 타당한지 살피면서 읽어야 합니다. 1장에서 공부한 것처럼 말이죠. ① 사실에 대한 기술, ② 자신의 주장, ③ 주장에 대한 근거를 잘 연결하여 표현해야 좋은 글입니다.

읽기와 쓰기는 호흡에 비유할 수 있지요. 숨을 들이쉬는 것은 읽기에 해당되고, 내쉬는 것은 쓰기입니다. 둘 중 어느 하나가 제대로 작동을 안 하면 안 되겠죠? 둘은 하나인 셈입니다. 그러니 교과서에 실린 글의 구조를 잘 분석하는 능력을 기르면(들숨), 그것이 저절로 숨을 내쉬는 쓰기 능력이 되는 것입니다.

잊지 말자! 문장과 문장의 연결 관계를 잘 파악하는 기술을 알게되면, 쓰기 실력도 늘어난다.

문장은 글의 뼈대

교과서에 나오는 한편의 글은 어떻게 구성되나요. 단어가 모여 어절을 이루고, 어절이 모여 문장을 만들어내죠? 그리고 문장이 모여 문단을 이루고, 문단이 모여 한편의 글을 완성하게 되는 거죠.

단어→어절(구)→문장→문단→글

지훈 : 그럼 한 편의 글을 이루는 요소 중에서 전체 내용을 이해하는 데 무엇이 가장 중요할까?

은아 : 2장에서 단어나 개념이 중요하다고 배웠잖아?

지훈 : 하지만 단어만 가지고 완성된 내용을 만들 수는 없잖아?

은아 : 그것은 어절(구)만 있는 경우도 마찬가지지.

함께 보기
다음 페이지의 '원리 잡아봅시다'에서 보게 될 여섯 가지 글 구조와 예문으로 정리하는 연습을 함께 하면 일거양득(一擧兩得)!!

한편의 글을 이루는 요소 중에서 전체 내용을 이해하는 데 무엇이 가장 중요한 역할을 할까요? 바로 문장입니다. 단어와 어절은 그 자체로는 의미 있고 완성된 내용을 전달할 수 없고, 문장 하나하나를 제대로 이해하지 못하고선 더 큰 의미 단위가 되는 문단의 내용을 파악할 수 없기 때문이지요.

그렇지만 문장 하나하나를 이해했다고 해서 문단의 내용이 저절로 이해될까요? 절대 아니죠. 앞뒤 문장이 서로 연결된 방식을 잘 파악해야 글의 흐름을 알 수 있고 문단의 전체 의미를 파악할 수 있으니까요. 결국, 한편의 글을 이해하려면 문단을 구성하는 문장들 간의 연결 관계를 잘 알아야겠죠.

읽은 게 정리가 안돼요

지훈 : 교과서를 읽고서 중요한 내용을 책의 여백이나 노트에 보기 좋게 정리하고 싶은데, 참 어려운 것 같아요.

은아 : 맞아요. 교과서를 정말 열심히 읽었는데도 정리가 안돼요. 대체 이유가 뭘까요?

아무리 교과서를 읽어도 제대로 정리할 수 없는 이유는 글의 구조를 제대로 파악하지 못해서 그렇습니다. 하지만 문장들이나 문단들의 관계만 잘 파악하면, 핵심 내용을 멋지게 정리할 수가 있답니다.

교과서
읽기 기술
원리

원리, 잡아보자

문장과 문장을 연결하여 문단을 구성하는 방식은 그림처럼 여섯 가지로 나눌 수 있습니다.

문장과 문장의 연결 관계

문제-해결 / 정의와 예 / 원인-결과 / 문장과 문장의 연결 관계 6가지 / 나열과 분류 / 비교-대조 / 시간의 순서

신호어 또는
이행어

'예를 들면', '다시 말하면' 등이 있고, 콜론(:)이나 세미콜론(;)도 신호(이행)어의 역할을 하지요.

1. 글의 구조가 보인다

신호어나 이행어에 주의를 기울이자

문장과 문장을 연결하는 데 쓰는 접속부사, 연결어미 등을 신호어 또는 이행어라고 합니다. 글을 읽을 때 하나의 생각에서 또 다른 생각으로 잘 넘어가도록 도와주는 단어나 구, 문장을 말합니다. 이를 잘 포착하면 (그것이 단서가 되어) 글이 어떻게 만들어져 있는지 쉽게 알 수 있지요.

중심 문장과 세부 정보를 담은 문장을 잘 구분하자

문장을 연결하여 글을 조직하는 방식을 아는 것도, 결국은 중심 문장과 이를 뒷받침하는 보조 문장의 관계를 파악하는 것입니다. 주로 중심 문장을 찾고, 이를 바탕으로 뒷받침 문장을 찾는 연습을 자주 해보세요.

'정리 기술'을 활용하자

설명체 글을 읽고서 그 글의 구조를 가장 잘 나타내주는 정리 방법을 찾아 요약하는 것이 중요하겠죠? 이때는 마인드 맵 등 다양한 형태로 시각화해 보세요. 그림으로 표현하면 구조가 더 잘보입니다. (2장 참고)

신호어가 생략된 경우, 있다고 가정하고 읽자

글의 조직 구조를 파악할 때 중요한 것이 신호어지만, 생략된 경우도 많습니다. 이때는 글 구조에 어울리는 신호어를 스스로 떠올리면서 읽거나, 아예 책에 표시를 해놓습니다. '예를 들면', '그러나', '다시말해'와 같이 말이죠.

한 문단에 두 가지 이상의 글 구조가 있다는 것도 알자

한 문단에 서로 다른 글 조직 구조로 된 문장들이 섞여 있을 수도 있어요. 이 사실을 염두에 두고 읽으면 글의 구조가 좀 더 잘 보일 거에요.

2. 정의와 예의 관계

교과서에는 새로운 개념, 낱말의 뜻이나 의미를 풀어 쓰고, 그에 적합한 예를 드는 글이 많습니다. 그래야 교과서를 보는 여러분이 더 쉽게 이해하겠죠?

글을 읽고 정의와 예의 관계를 파악하는 능력이 생기면, 5장에서 배울 중심 생각을 뒷받침하는 세부정보를 찾는데 도움이 되죠.

1 민족이란, 2 같은 핏줄을 이어받고, 공통의 언어를 사용하면서 같은 역사와 문화 속에서 살아오는 가운데, 이를 바탕으로 '우리'라는 공동체 의식이 형성되어 있는 집단을 의미한다. 민족은 인류의 역사 속에서 형성된 산물이기 때문에, 오늘날의 민족도 앞으로 역사의 전개에 따라 변화할 수 있다.(중략) 그런데, 3 세계의 여러 민족 가운데에는 스스로의 힘으로 국가를 유지하고 있는 민족도 있고, 다른 민족의 지배를 받는 민족도 있다. 또, 한 민족이 한 국가를 이루는 경우도 있고, 여러 민족이 한 나라를 이루어 생활하는 경우도 있으며, 같은 민족이 여러 나라에 흩어져 살아가는 경우도 있다. 따라서 민족과 국가는 반드시 일치하는 것은 아니다.

〈도덕2〉 156쪽

이 글에서 1은 개념이고, 2는 그 개념을 풀어 쓴 정의이고, 3은 1에 해당되는 예라는 사실, 쉽게 파악되지요? 교과서 보기의 글도 이런 구조에 해당됩니다.

정의와 예로 된 글은 이렇게

1. 개념→정의→예를 순서대로 찾아 표시하자.

2. 정의를 내리는 용어나 개념은 진하게 인쇄하거나 본문과 다른 글씨체(고딕 등)로 된 경우가 많다.

3. 정의를 내릴 때는 '~는 ~이다', '~를 의미한다' 같은 표현을 사용한다는 것을 생각하면서 읽는다.

4. 예를 들 때는, '예를 들면', '가령', '~의 종류를 말하면' 등의 신호어

가 온다는 사실을 알아차리자.

5. 개념이나 용어만 풀어 쓰고 예는 들지 않는 경우도 있고, 그 기능이나 절차를 설명하는 경우도 있다.

6. 개념이나 용어, 그리고 그에 해당되는 예시들을 보기 좋게 정리해 보자.

3. 나열과 분류의 관계

교과서에는 어떤 대상의 내용과 특징을 '있는 그대로' 나열하거나, 여러 항목을 일정한 기준으로 분류하여 서술한 글이 많습니다.

나열(listing)은 사람, 장소, 요소, 원인, 이유 등의 목록을 열거하는 것이지요. 이런 글은 주로 단어, 용어, 개념을 꼼꼼히 읽고 순서에 관계없이 외우는 데 초점을 두면 됩니다.

'우리나라의 산은 내장산, 지리산, 한라산, 설악산...', '지훈이가 좋아하는 음식은 햄버거, 피자, 스파게티, 콜라..' 이런 식인 것이죠.

분류(classification)는 큰 지식의 묶음이나 덩어리를 보다 작은 항목의 지식으로 나누는 것을 말하지요. 이런 글에서는, 대개 첫머리(주제 문장)에서 하위 내용들을 어떻게 나눌 것인지를 소개하고 시작하기 때문에, 이것을 잘 알아차려야 뒤이어 나오는 하위 내용도 쉽게 이해할 수 있습니다. 특히 분류하는 글들은 중심 내용과 세부 정보, 상위 명제와 하위 명제가 뚜렷하다는 특징이 있습니다.

'은아는 여러 종류의 펜을 가지고 있다. 이를 색깔별로 분류하면 빨간색이 2개, 파란색이 3개, 검정색이 1개이다'는 나열, '필기구에는 여러 가지가 있다. 연필, 색연필, 볼펜, 사인펜 등..'은 분류인 것입니다.

아래 글을 살펴볼까요? ①이 중심 내용이고 ②는 예를 들어 분류한 것입니다. 구분이 잘 안될 때는 옆사람에게 설명하는 것처럼 말해보세요.

일본의 어떤 지역에 공업이 발달하고 있는가?

① 일본의 주요 공업 지역은 원료 수입과 제품 수출에 유리한 태평양 연안 지역에 집중되어 있으며, 근래에는 북부 해안과 내륙 지방으로 분산, 확대되고 있다.

② 게이힌 공업 지역은 도쿄, 요코하마, 가와사키 등을 중심으로 발달한 일본 최대의 공업 지역으로, 각종 공업이 발달하였다. 한신 공업 지역은 오사카, 고베를 중심으로 섬유 공업이 발달한 일본 제 2의 공업 지역이다.(이하 생략)

〈사회1〉135쪽 금성출판사

나열하는 글은 이렇게

1. '첫째', '둘째', '셋째' / '① ② ③…', '전에', '후에', '그런 다음에' 등의 신호어가 온다.

2. 나열되는 항목들은 서로 대등한 관계다.

3. 문장(항목)의 순서는 크게 신경 쓰지 않아도 좋다.

4. 신호어가 없을 때는, 각 문장 앞에 '첫째', '둘째'라는 말을 넣어 읽자.

5. 각 항목을 질서 있게 정리해 보면 구조가 더 확실하게 보인다.

수집구조란?
정의와 예로 된 글, 나열과 분류로 된 글, 두 가지는 수집 구조라고 할 수 있습니다. '수집 구조'는 대상을 정의하고, 거기에 해당되는 예나 목록, 속성을 풀어놓는 형식의 글 구조입니다.

분류하는 글은 이렇게

1. '~으로 분류되는', '~으로 구성되는', '~으로 이루어지는' 등의 신호어를 주의 깊게 읽자.

2. 분류의 기준을 정확하게 잡아내자.

3. 상위 지식(개념)과 하위 지식(개념)의 관계를 잘 이해하자.

4. 분류 기준을 중심에 두고 시각적으로 정리하자.

'정의와 예의 관계', '나열과 분류의 관계'를 공부했어요. 이 두 가지 글 구조는 어떤 공통점이 있을까요?

모두 일반적인 설명(정의)과 구체적인 예가 한쌍으로 된 글 구조라는 것입니다. 일반적인 진술은 글쓴이가 글을 쓰는 큰 목적을 말하고, 구체적인 사실이나 예는 일반적인 진술에 대한 증거나 답을 얘기하는 것이죠. 일반적인 설명과 구체적인 예는 그 위치가 마음대로에요. 서로 앞뒤에 나올 수도있고, 하나의 일반적 설명과 여러 개의 예시가 한 쌍을 이루기도 하고, 설명과 예로 엮인 쌍이 반복해서 나오기도 합니다.

일반적인 진술과 구체적인 예
이런 형식의 글은 글 구조의 가장 기본입니다. 앞으로 5장에서 보게 될 중심 생각과 세부 정보 파악하는 기술도 이런 글 구조를 바탕으로 하는 것이지요.

설명(정의)과 예를 든 글을 읽을 때, 만약 예가 많으면 표시하는 것도 필요합니다. ①, ②, ③...처럼 말이죠.

무척 복잡하게 보이죠? 하지만 정의와 예는 파악하기 어렵지 않아요. 정의가 있는 곳에 예시가 나오고, 예시가 있으면 반드시 그 예들을 하나로 묶을 수 있는 정의가 나올 테니까요. 피자, 햄버거, 국수, 라면을 예로 들었다면, 무엇으로 묶을 수 있나요? 이들은 바로 밀가루로 만든 음식이잖아요.

4. 시간 순서의 관계

문장들이 어떤 사건이 일어난 시간적 순서, 또는 일이 진행되는 흐름이나 과정으로 짜여진 경우가 있습니다. 이를 시간 순서(time order) 구조라고 합니다. 은아가 아침에 무엇을 했는지 볼까요?

'아침에 은아는 세수를 하고 밥을 먹었다. 준비를 마치고 마지막으로 거울을 본 후 나섰다' 는 시간의 흐름에 따라 은아가 움직인 과정을 보여주고 있죠.

이것도 시간을 더 강조하는 글과 순서를 더 강조하는 것으로 나눌 수 있습니다. 사회나 국사에 나오는 역사적 사건의 순서나 연대표를 풀어 쓴 것과 과학 과목에 나온 실험 과정처럼 어떤 일이 진행되는 단계나 흐름을 말하는 글을 생각하면 됩니다.

4-1 시간 중심의 구조

신라의 건국과 성장 신라는 진한의 여러 나라 가운데 경주 평야에 있던 사로국에서 시작하였다(기원전57). 신라는 박, 석, 김 3성의 시조 설화에서 보듯이, 여러 세력 집단이 연합하여 이루어진 나라였기 때문에 국가적 통합이 비교적 늦었다. 신라가 중앙 집권 국가의 모습을 갖춘 것은 4세기 후반 내물왕 때였다. 이 때, 신라는 진한의 여러 나라를 정복하여 낙동강 유역까지 영토를 확장하였고, 고구려 광개토 대왕의 도움으로 왜군을 격퇴하였다. 종래에는 박, 석, 김의 3성이 교대로 왕위를 차지하였으나, 이 때부터는 김씨가 왕위를 계속 이어 가게 되었다. (이하 생략)

《국사》 38쪽

4-2 과정 중심의 구조

선캄브리아대는 약 38억 년 전부터 5억 7천만 년 전까지 계속된 시대로 이 시대의 지층에는 화석이 매우 드물다.

약 5억 7천만 년 전부터 2억 4천 5백만 년 전까지의 기간을 고생대라고 하며, 이때부터 지구 상에 갑자기 많은 생물들이 나타나게 되었다. 고생대의 대표적인 생물은 삼엽충과 완족동물이다. 식물로는 대형 고사리류가 큰 숲을 이루며 번성하였는데, 이들이 땅속으로 묻혀 오늘날의 석탄으로 되었다.

중생대는 약 2억 4천 5백만 년 전부터 6천 5백만 년 전까지의 기간으로서, 이 시기의 바다에서는 암모나이트가 크게 번성하였다. 또 중생대 전 기간에 걸쳐 파충류가 번성하였는데, 특히 다양한 크기와 형태의 공룡이 번성하였다.

신생대는 약 6천 5백만 년 이후부터 역시 시대 이전까지의 기간으로서, 이 시기를 대표하는 동물은 포유류이다. 특히, 신생대 후기에는 인류의 조상이 지구 상에 처음으로 나타났다.(중략)

▲ 《과학2》 174~175쪽 두산

4-1은 역사적 사실을 사건이 일어난 시대 순으로 쓴 것이고, 4-2는 어떤 현상이 진행되는 흐름, 즉 절차나 과정을 나타낸 것이라는 걸 알겠죠?

시간의 순서로 된 글은 이렇게

1. 문장에 '~때(세기, 년 등)에는', '~와 ~사이에', '~에서~까지' 등의 신호어나 이행어에 주목해서 읽는다.

2. 시간적인 순서로 된 글은 사건이 일어난 흐름을 추적하는 것도 중요하

지만, 시간(날짜나 년도)이나 사건 자체의 일반적인 정보를 파악하는 것이 더 중요하다.

3. 읽은 내용을 시간선(timeline)이나 연대표로 정리한다.

시간선의 예

연대표의 예

고구려의 팽창	
3세기 (동천왕)	서안평을 공격함
4세기 (미천왕)	위나라 공격으로 수도 국내성 함락 낙랑군 공격, 고조선 옛 땅 회복
4세기 (고국원왕)	백제의 침략을 받음

절차나 과정으로 된 글은 이렇게

1. 문장 앞에 '첫째', '둘째' / '마지막으로', '다음으로' / '이 단계에서는', '~하는 동안에는' 등의 신호어나 이행어에 주목하여 읽는다. 문장 앞에 이런 신호어가 없으면 넣어 읽는다.

2. 단계나 절차의 수, 처음과 시작, 흐름의 방향을 먼저 파악하고 나서 각 단계별로 내용을 파악하려고 노력한다.

3. 읽은 내용을 '흐름도(flow chart)'나 '단계 개요 쓰기'로 정리해 본다.

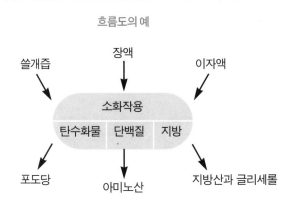

흐름도의 예

5. 비교-대조의 관계

비교-대조 구조는 어떤 대상, 사건, 현상이 비슷하거나 같을 때 이것을 비교하거나, 차이점을 대비시킨 글입니다. '은아와 지훈이는 모두 중학생이다. 그런데 은아는 1학년이고 지훈이는 2학년이다' 와 같은 것이죠. 비슷하거나 같은 것은 비교, 차이가 있는 것은 대조입니다. 혼자서는 비교-대조를할 수 없으니 반드시 대상이 하나 더 있어야겠죠? 비교-대조의 글 구조는 다시 'A형 조직' 과 'O형 조직' 으로 나누어집니다.

A형 조직은 하나의 대상에 대하여 그것에 속하는 모든 특성을 설명하고나서 다른 대상으로 넘어가는 a1, a2→b1, b2의 방식이고, O형 조직은 각 대상이 가진 작은 특징들을 각각 하나씩 비교하거나 대조하는 a1, b1→a2, b2의 서술 방식을 취합니다.

예를 보면 확실히 알 수 있습니다. 그리고 '함께 해볼까' 의 STEP 3에서 이러한 유형의 문단을 읽고 정리하는 연습을 하도록 했으니 잘 실천해 보세요.

중·남부 아프리카에는 어떤 농작물이 재배되고 있는가?

① 중·남부 아프리카의 농업은 전통적인 자급 농업과 상업적인 플랜테이션으로 나눌 수 있다.

② 전통적인 농업은 중·서부 아프리카의 삼림 지대에서 널리 행해지는 원시적인 이동식 농업을 말한다. 이 농업 방식은 삼림을 불태워 작물을 재배하고, 3~4년 후 토지가 황폐해지면 다른 지역으로 이동하는 방식으로 주로 옥수수, 수수, 카사바 등의 식량 작물을 재배한다.

③ 플랜테이션은 열대 작물을 상업적으로 재배하는 것으로, 유럽인들이 이 지역에 진출하면서 시작되었다. 기니만 연안에서는 연중 고온 다우한 기후를 이용하여 카카오, 고무나무, 기름야자, 면화, 사이잘 삼 등을 많이 재배하였다.

위의 글은 농작물 재배 방식 ①을 서로 대조하여 설명한 것인데, 전통적인 농업 ②의 세부 특징을 모아서 한꺼번에 설명하고(a1, a2..), 다음으로 플랜테이션 ③의 특징들을 자세히 설명하고 있으니(b1, b2...) A형 조직이라는 것쯤은 금방 파악했겠지요? 그럼 이것을 O형 조직으로 바꾸어 진술해 볼까요?

"전통적인 농업은 중·서부 아프리카의 삼림 지대에서 널리 행해지는 원시적인 이동식 농업을 말한다.(a1) 반면에, 플랜테이션은 열대 작물을 상업적으로 재배하는 것으로, 유럽인들이 이 지역에 진출하면서 시작되었다.…"
(b1) 이런 식으로 말이죠.

비교-대조로 된 글은 이렇게

1. 비교와 대조를 나타내는 신호어를 잘 분간하자.

– 비교를 나타내는 신호어 : 또한, 역시, 유사하게, 마찬가지로, 같은 방식으로 등이 있다.

– 대조를 나타내는 신호어 : 이와 달리, 반면에, 한편 등이 있다.

2. 앞서 말한 글의 세부 조직 방식(A형인지 또는 O형인지)을 알자. 그래야 글을 읽고 더 잘 요약할 수 있다.

3. 비교하거나 대조하는 구체적인 기준을 잘 살펴 읽자.

   앞의 예문에서는 지역, 재배 작물, 재배 방법, 적합한 기후, 경작하는 사람이 기준이 된다.

4. 비교 또는 대조가 잘 드러나도록 시각적으로 정리해 보자.

6. 원인-결과의 관계

글을 이루는 문단을 읽다보면 한 부분(문장)은 원인을 나타내고, 또 다른 부분(문장)은 그 원인으로 인해 생긴 결과를 얘기하는 것이 많습니다. 어떤 사실의 원인과 결과가 '한 쌍'으로 제시되는 글을 원인-결과의 구조라고 합니다.

'지훈이가 시험을 잘 본 이유는 교과서를 열심히 공부했기 때문이다'와 같은 것이죠.

6-1 결과가 앞에 제시

중부 지방의 기후가 동서 간 차이가 나는 이유는 무엇일까?

1️⃣ 같은 중부 지방에서도 지역에 따라 기온과 강수량의 차이가 크다. 특히, 겨울철에는 같은 위도에서 내륙 지방이 해안 지방보다 더 춥고, 동해안 지역이 황해안 지역보다 따뜻하다. 이것은 2️⃣ 태백산맥이 차가운 북서 계절풍을 막아주고, 따뜻한 동해의 수온이 황해보다 높기 때문이다.

《사회1》 49쪽 금성출판사

6-2 원인이 앞에 제시

중·남부 아프리카는 왜 개발이 늦어졌을까?

3️⃣ 이 지역은 오랜 식민지 생활과 주민의 낮은 교육 수준, 불리한 자연 환경 때문에① 아직도 미개발 지역이 많지만②, 4️⃣ 원료 자원과 지하 자원이 풍부하여① 앞으로 개발이 기대되는 곳이다.②

《사회1》 169쪽 금성출판사

원인–결과로 된 글은 이렇게

1. 신호어로 '~한 이유로', '~때문에', '~로 인해', '그래서', '결과적으로', '따라서', '원인은' 등을 쓴다는 것에 주목하자.

2. 원인과 결과가 있는 부분을 찾자. 원인과 결과는 서로 앞에 올 수도, 뒤에 올 수도 있다. 첫 문단 6-1은 결과 1️⃣이 앞에 오고, 원인 2️⃣가 뒤에 온 경우이다.

3. 한 문단에서, '원인–결과'의 짝이 하나 이상인 경우도 있다는 걸 생각하자. 즉, '원인–결과'의 구조는 한 문장 안에서 두 개 이상 나올 수 있다.

6-2는 3️⃣과 4️⃣는 각각 원인과 결과로 이루어졌는데, 원인①이 앞에 오고,

결과②가 뒤에 온다.

　4. 문장의 동사에도 주의를 기울이자.

　'~을 가져왔다', '~의 원인이다', '야기하였다' 등

　5. 원인과 결과를 밝혀주는 다이어그램으로 정리하자.

다이어그램의 예

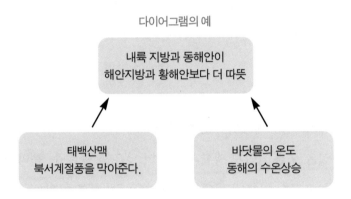

7. 문제-해결의 관계

　문제-해결 구조는, 한 문장(혹은 문단)은 문제를 설명하고, 다른 문장(혹은 문단)은 해결책을 설명하는 식으로 짝을 이룬 것입니다. 글을 이루는 형식은 원인-결과의 형식과 같지만 글을 읽는 요령, 특히 신호어는 원인-결과 구조와 좀 다르답니다.

　이런 글을 읽을 때는 우선 문제가 무엇인지 정확히 파악하는 것이 필요합니다. 그런 다음에 거기에 맞는 해결책을 찾을 수 있으니까요.

> **노인 공경의 길**
>
> ① 또, 아직 경험과 지혜가 젊은이에 못지않고 일할 의욕도 있는데, 적절한 일자리가 제공되지 않고 있다. 따라서, 노인들의 풍부한 생활 경험과 지혜가 현대 사회에서 적절하게 수용되지 못하고 있다.(중략) ② 앞으로는 노인을 귀찮고 시대에 뒤떨어진 사람으로 생각하지 말고, 우리와 더불어 살아갈 동반자 또는 웃어른으로서 공경해야 한다. 그래야만 비로소 노인들이 겪고 있는 여러 가지 어려운 문제들이 해결될 수 있다.(이하 생략)

▲ 〈도덕1〉 240~241쪽

예문에서 ①은 문제를 진술한 것이고, ②는 문제에 대한 해결책을 나타낸다는 것을 알 수 있겠죠.

은아 : 난 교과서를 열심히 봤기 때문에 시험을 잘 봤어.

지훈 : 난 시험을 잘 못봤어. 그래서 앞으로 교과서를 더욱 열심히 공부해야 할 것 같아.

차이를 알겠지요? 지훈이는 원인-결과의 문장, 은아는 문제-해결의 문장을 말하고 있네요.

문장의 구조들이 이렇게 많은 줄 몰랐나요? 많아 보이지만 우리가 이미 아는 것도 있어요. 미처 눈치 채지 못하고 읽는 연습을 통해 자연스럽게 배워 온 것이죠. 여기서는 이들을 원리적으로 짚어주는 것이니, 아는 것은 가볍게 읽고 몰랐던 것은 원리를 자세히 이해해 보세요.

지훈 : 글을 잘 읽으려면 글의 구조를 잘 파악해야 겠네요.

은아 : 글의 구조는 문장들이 서로 어떻게 연결되어 있는지 아는 거에요.

지훈 : 문장은 글의 구조를 이해하는 재료인 셈이고요. 재료들을 어떻게 버무리느냐에 따라 다른 음식이 나오는 것처럼 글도 달라지는 거죠.

은아 : 문장들은 각각 정의와 예, 나열과 분류, 시간이나 과정의 순서, 비교와 대조, 원인과 결과, 문제와 해결의 구조가 주를 이룬다고 배웠으니 어떤 글을 읽더라도 거기에 맞는 문장들의 관계를 찾아볼 수 있을 것 같아요.

지훈 : 특히 신호어나 이행어 등을 보면 복잡한 글 구조 속에서도 중심 문장을 잘 찾을 수 있어요.

은아 : 이렇게 글의 구조를 잘 알게 되면 내가 글을 쓸 때도 무작정 쓰기부터 하는 것이 아니라, 먼저 글의 종류에 따라 적절한 구조를 만들 수 있게 되겠네요.

확인해보자

01
1. 한편의 글을 읽고 요점을 파악하기 위해서는 문장과 문장의 연결 관계, 즉 글의 조직 구조를 파악하는 것이 핵심이다. (예, 아니오)

02
2. 정의와 예의 관계, 나열과 분류의 관계는 수집 구조라고도 하는데, 보다 일반적인 진술과 구체적인 예(또는, 사실)를 나타내는 두 개 이상의 문장이 한 쌍을 이룬다. (예, 아니오)

03
3. '예를 들면', '다시 말하면' 등과 같이, 독자들이 글을 읽을 때 하나의 생각(사실)에서 또 다른 생각(사실)으로 옮겨가도록 도와주는 단어, 구, 문장을 (   )라 한다.

04
4. 교과서의 글을 읽을 때, 문장들의 연결 관계(조직 구조)를 파악하면서 읽는 것이 중요한 이유를 써봅시다.

05
5. 문장의 연결 관계를 파악하면서 읽는 기술을 어떻게 실천하면 좋을지 생각해 봅시다.

문장의 연결 관계란 글의 짜임 방식을 말하는데, 여섯 가지로 나누어 살펴봤습니다. 문장이 연결되는 여섯 가지 방식을 말할 수 있겠지요? 그리고 글을 읽으면서 글의 짜임을 분간할 수 있겠죠?

STEP 1

아래 글을 읽고 문장의 연결 관계를 쓰고, 예시된 글을 읽고 내용 파악을 잘하려면 어떻게 해야 좋은지 두 가지 이상 말해 봅시다.

> ### 1 ▷ 법은 어떻게 분류될까?
>
> 우리의 사회 생활을 규율하는 법은 크게 개인과 국가, 또는 국가 기관 간의 관계를 규율하는 공법(公法), 개인과 개인 간의 생활을 규율하는 사법(私法), 그리고 그 중간적 성격을 띠는 사회법(社會法)으로 나뉜다.
>
> 공법에는 국가의 최고법으로서 국가의 조직과 운영 원리 및 국가에 대한 시민의 권리와 의무 관계를 규정한 헌법, 범죄의 종류와 형벌의 정도를 정해 놓은 형법, 재판의 절차를 정해 놓은 소송법, 그리고 행정의 조직과 작용 및 구제를 내용으로 하는 행정법이 있다. 이 외에도 세법, 선거법, 병역법 등이 있다.
>
> 사법의 영역에는 재산이나 신분 등 시민들 사이의 일상 생활 관계를 규정한 민법과 기업의 생성이나 발전, 소멸 등을 규율하는 상법 등이 속한다.
>
> **최고법으로서의 헌법**
>
> 헌법은 헌법 이외의 모든 법률의 토대와 근거가 되는 법으로서 국가의 최고법이다. 따라서 헌법은 제정 및 개정 절차가 다른 법률들과 달리 엄격하며, 그 과정에서 국민들의 의사가 보다 폭넓고 진지하게 고려된다.
>
>

《사회2》186쪽 금성출판사

은 무엇인가?

· 을사조약에 대해 우리 민족은 어떻게 저항하였나?

2 청·일 전쟁 후 러시아는 만주 철도 부설권을 획득하는 등 세력을 확대시키고, 우리 나라에도 세력을 침투시키려 하였다. 러시아의 세력이 커지면서 일본과의 대립이 격화되었고, 이 때 세계 곳곳에서 러시아와 대립하고 있던 영국은 영·일 동맹을 맺어 일본을 도왔다. 이러한 두 나라의 대립은 러·일 전쟁으로 이어졌다(1904).

러·일 전쟁에서 승리한 일본은 우리 나라에 대한 침략을 본격적으로 추진하였다. 그리하여 우리 나라의 외교권을 빼앗고 서울에 통감부를 설치하는 것을 주요 내용으로 하는 을사조약을 강요하였다(1905). 이 조약으로 일본은 우리 나라의 외교권을 빼앗았을 뿐만 아

| 러·일 전쟁의 결과 |
러·일 전쟁의 결과로 체결된 포츠머스 조약의 주요 내용
1. 일본은 한국에 대해 정치적, 군사적, 경제적으로 특별 권리를 가진다.

《국사》233쪽

3 **이웃 생활 문제의 해결 방향** 앞에서 우리는, 이웃 생활에서 발생하는 도덕 문제로 사생활 침해, 무관심, 공동 생활에서의 무질서, 지역 이기주의 등을 살펴보았다. 그러면 이러한 문제를 해결하는 데 도움이 되고, 이웃 간에 상부상조의 공동체 정신을 발휘할 수 있기 위해 무엇이 필요한지 생각해 보자.

먼저, 우리는 이웃에 대한 관심을 가져야 한다. 관심은 이웃끼리 서로 인사를 나누고 배려할 줄 아는 작은 예절에서부터 싹튼다. 비록 모르는 이웃이라 할지라도 가벼운 눈인사를 통해 얼굴을 익히고, 다음에는 간단한 인사말을 건넴으로써 가까워질 수 있다. 이웃이 먼저 부탁을 하거나 도움을 요청하면 기꺼이 응하며, 내가 먼저 이웃과 음식을 나누거나 생활 정보를 교환하는 자세를 가져야 한다.

《도덕3》160쪽

교과서의 글을 읽으면서 어떻게 짜였는지 알면, 내용을 이해하기 좋게 정리하는 방법을 찾을 수 있습니다. 본문 중에 '비교–대조의 관계' 로 된 글의 예문(《사회1》 173쪽, 금성출판사)을 다시 읽고 아래 표에 정리해 봅시다.

	전통적 농업	플랜테이션

국사와 사회 과목에는 역사적 사건을 발생한 순서대로 한 눈에 보기 좋게 정리한 시간선 (timeline)이나 연대표가 있습니다. 국사나 사회의 한 단원을 읽고, 책 뒤에 있는 연대표를 보지 말고 읽은 내용을 연대표로 정리하여 봅시다.

중심 생각을 파악하며 읽자

글은 글쓴이의 생각을 드러냅니다. 셜록 홈즈가 단서를 찾기 위해 현장을 살
살이 파악하듯이 글을 자세히 살펴보면 글 속의 단서, 즉 중심 생각을 잡아낼
수 있습니다.

우리도 머릿속 돋보기를 사용해 볼까요?

거기에 산이 있으니, 오르지요

에베레스트 산을 맨 처음 오른 사람은 누구일까요? 1953년 영국인 존 헌트
를 대장으로 한 제 9차 에베레스트 원정대였습니다.

그런데 이에 앞서 1924년 3차 원정대에 참여한 조지 맬러리와 앤드류 어
빈이 정상을 600미터를 앞두고 실종된 일이 있었죠. 조지 맬러리의 나이는
38세, 앤드류 어빈은 22세였습니다. 당시에는 이들이 처음으로 에베레스트
등정에 성공했을지 모른다는 얘기도 있었습니다. 만약 맬러리가 에베레스트
정상에 올랐다면 1953년에 힐러리 경이 세운 기록을 29년이나 앞당기는 것
이었죠. 1999년에서야 정상 부근에서 두 사람의 시신이 발견되었지만, 그들
이 갖고 있던 카메라의 필름은 현상할 수는 없었답니다. 결국 이들의 정상

등반은 증거가 부족해 아직도 미스터리로 남아 있답니다. 하지만 조지 맬러리가 남긴 명언은 아직도 많은 사람에게 회자되고 있습니다. "왜 에베레스트를 오르려 합니까?" 이에 맬러리는 말했습니다.

"산이 거기 있으니까요." (Because It is there.)

– 1923년, 《뉴욕 타임스》와의 인터뷰에서

교과서 보기

《국어 1-2》의 다섯째 단원은 글의 짜임에 대한 내용입니다. 이 내용을 정리해 볼까요?

지훈 : 한 편의 글은 대체로 처음, 중간, 끝 세 부분으로 이뤄져요.

은아 : 그리고 글의 각 부분은 여러 문단으로 구성돼요. 하나의 문단은 하나의 생각을 나타내고요.

지훈 : 문단은 문장으로 구성되지요. 거기에는 하나의 중심 문장이 있고 여러 개의 뒷받침 문장들이 있어요.

그렇다면 글을 읽고 중심 생각과 이를 뒷받침하는 내용을 찾아내 봅시다. 이를 공부하기에 앞서 다음에 나온 내용을 살펴볼까요? 교과서에서 따온 ①과 ②를 읽고, 중심 내용이 있는 문장에 직접 밑줄을 그어 봅시다.

126

〈국어 1-2〉185쪽

> 1 첨단 과학이 우리 인간에게 제공해 줄 수 있는 것은 물질적인 풍요와 편리함이다. 컴퓨터 통신의 발달로 우리는 머지않아 안방에 앉아 직장의 모든 일을 할 수 있게 될 것이다. 안방 근무 시대가 열리는 것이다. 귀찮고 힘든 일은 모두 로봇에게 맡기고, 우주 저 쪽에 또다른 인간 세상이 건설되는 것도 시간 문제이다.
>
> 2 사람 사이가 가까워지는 것은 사람 사이의 마음의 거리가 가까워지는 것이다. 과학 기술의 발달로 기계와 도구가 더욱더 사람 사이에 끼어들고 사회가 더욱 조직화될수록 사람들은 피부와 피부를 서로 맞대고 살 기회를 잃게 되는 것이다. 마음의 거리가 점점 멀어져만 가고 있는 현실을 걱정해야 할 때이다.

글의 짜임을 파악하는 것, 그 중에서도 중심 생각과 이것을 뒷받침하는 세부 내용을 잘 찾아내는 것은 읽은 내용을 제대로 이해하는 방법입니다. 이는 우리가 글을 읽는 가장 중요한 이유이기도 합니다.

왜, 중요할까?

글을 제대로 읽을 수 있으니까

편지, 시, 수필, 소설, 설명문 등 모든 글에는 글쓴이가 독자에게 '말하고자 하는 그 무엇'이 담겨 있습니다. 이렇게 글쓴이가 말하고자 하는 중심적인 생각을 '주제'라고 합니다. 그리고 주제는 구체적인 사실이나 내용들이 뒷받침되곤 합니다.

이처럼 글은 주제(문단의 중심 생각들)와 세부 정보들로 이루어져 있습니다. 글을 읽으면서 이것들을 정확하게 찾아야 제대로 글을 읽었다고 말할 수 있겠죠? 그러니 이제 본격적으로 머릿 속의 돋보기를 사용해 볼까요?

글의 짜임을 알고 중심 생각을 찾는 요령은 '원리, 잡아보자' 에서 곧 공부할 겁니다. 《국어 1-2》의 단원은 이를 중점적으로 공부하노록 만들었습니다. 먼저 교과서에 있는 자기점검 항목을 읽고, 해당되는 곳에 V표를 해봅시다. 각각의 항목이 중심생각을 잘 찾는 비법이라는 것을 꼭 기억하고요.

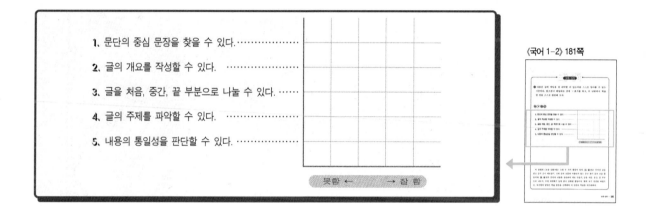

1. 문단의 중심 문장을 찾을 수 있다. ·················
2. 글의 개요를 작성할 수 있다. ·············
3. 글을 처음, 중간, 끝 부분으로 나눌 수 있다. ······
4. 글의 주제를 파악할 수 있다. ···············
5. 내용의 통일성을 판단할 수 있다. ·················

못함 ←   → 잘 함

《국어 1-2》 181쪽

글을 잘 쓸 수 있으니까

글을 읽는 것은 '들숨', 글을 쓰는 것은 '날숨' 으로 비유했죠? 그래서 둘은 하나처럼 움직인다는 얘기요. 왜 그런지 글을 쓰는 요령을 생각해 보면 알게 될 겁니다.

어떤 학생들은 '국어' 는 열심히 공부해도 '생활국어' 는 소홀히 하는 경향이 있더군요. 하지만 생활국어에서는 자신이 쓴 글을 확인하는 연습을 자주하게 되죠? 이런 연습이 바로 글을 분석하는 능력을 길러줍니다. 동시에 글의 중심 내용과 세부 내용을 찾는 방법도 알게 되죠.

글을 쓰는 요령

1 '무엇' 에 대해 쓸 것인지 정한다.(소재 정하기)

2 말하고자 하는 '중심 생각' 을 정한다.

3 글의 내용에 따라 문단을 나눈다.

4 문단마다 하나의 중심 생각을 만든다.

5 중심 생각을 뒷받침하는 문장을 만든다.

6 각 문단의 중심 생각을 바탕으로 주제문을 만든다.

지훈 : 글을 잘 읽는 것과 잘 쓰는 것은 확실히 연결되는 것이군요.

은아 : 맞아요. 또 반대로 글을 잘 쓰면 잘 읽을 수도 있는 것 같아요.

지훈이와 은아의 생각이 맞습니다. 글을 잘 쓰는 순서와 요령을 알면 글을 잘 읽는 비결을 저절로 알게 되겠죠? 글을 읽으면서 주제문과 중심 생각을 잘 찾아내고, 거기에 딱 맞는 뒷받침 내용을 찾아서 이를 구분하는 방법을 알게 되면 당연히 글도 잘 쓸 수 있겠죠.

원리, 잡아보자

글을 짠다는 것은 글의 중심 생각을 담은 중심 문장과, 중심 생각을 뒷받침하는 문장을 글쓰는 목적에 맞게 배열하는 것을 말합니다.

1. 중심 생각 찾기

은아 : 그럼 한 편의 글을 읽고 중심 생각과 주제를 제대로 찾아내려면 어떻게 해야 하나요?

지훈 : 중심 생각과 주제는 어떻게 다른가요? 중심 문장이 곧 주제가 되는 것 아닌가요?

문단을 단위로 읽자

질문에 답하기 전에 먼저 한 편의 글은 어떻게 이루어지는지, 기초가 되는 것이니 다시 한번 정리하고 넘어갈게요.

단어→문장→문단→한편의 글

단어가 모여 문장을 이루고, 여러 개의 문장이 모여 문단이 되고, 다시 문단이 모여 주제가 있는 한편의 글을 완성합니다. 여기서 우리의 과제인 '글을 읽고 중심 생각과 주제 파악하기' 를 위해서는 무엇이 필요한지 생각해 봅시다.

위의 요소 중 무엇에 가장 집중해야 할까요?

바로 문단을 잘 보는 것입니다. 글을 읽으면서 문단을 단위로 글을 읽고 의미를 찾는 습관을 들여야 합니다. 그런데 문단이라는 것이 대체 무엇이고 글 속에서 어떤 역할을 하기에 그래야 하는 걸까요?

문단이란 여러 개의 문장이 모여서 하나의 통일된 생각을 나타내는 글의 단위입니다. 그런데 문단을 구성하는 문장들은 그 문단에서 하는 역할에 따라 중심 문장과 뒷받침 문장으로 구분할 수 있습니다.

중심 문장은 글쓴이가 그 문단에서 나타내고자 하는 중심 생각이 담긴 문장을 말합니다. 또 뒷받침 문장은 중심 문장의 내용을 효과적으로 나타내기 위해 보조적으로 쓰인 문장을 말합니다. 그러니까 각 문단의 중심 생각을 잘 찾아내면 글 전체의 흐름을 볼 수 있게 되고, 글의 주제에 접근할 수 있다는 거지요. 중심 생각들은 문단을 구성하는 뒷받침 문장들이 앞뒤에서 든든히 받쳐주고 있거든요.

이제 문단을 중심으로 글을 읽어야 하는 이유가 분명해지나요? 한 편의 글을 읽고 뜻을 제대로 알려면 각 문단에서 중심 문장을 찾아내고 중심 생각을 정확히 파악해야 합니다. 중심 생각들이 모여 다시 글의 주제를 형성하니까요. 중심 문장이 단서가 되는 것이죠.

그럼 이런 읽기 습관을 머릿속에 두고, 보다 구체적인 중심 생각 찾기 기술을 알아봅시다.

잊지 말자! 글을 끝까지 읽었는데 중요하게 걸러지는 것이 없다면, 문단별로 끊어서 읽고 중심 생각을 찾는 데 소홀했기 때문이다.

반복되는 핵심어나 구를 찾자

중심 생각은 중심 문장에, 중심 문장은 문단 안에서 찾습니다. 한 문단은 여러 개의 문장으로 이뤄지니까요. 그럼 중심이 되는 문장을 찾으려면 어떻게 해야 하나요? 바로 문장들에서 반복적으로 나오는 핵심어나(key word) 구(句, 의미 있는 둘 이상의 단어)를 찾아내면 됩니다. 아래 글을 잘 읽어봅시다.

《생활국어1-2》 80쪽

> 지게에는 노래가 있다. 지게꾼들은 작대기로 지겟다리를 치며 그 장단에 맞춰 노래를 부른다. 외로운 숲길, 한적한 논두렁에서 그것은 다시없는 위안이다. 악보를 보며 배운 노래가 아니다. 아버지의 아버지, 그 아득한 할아버지 때부터 입에서 입으로 전해 온 노랫가락이다.

이 글에서 무엇이 반복되고 있나요? '지게'와 '노래'라는 단어가 반복적으로 나온다는 것을 알 수 있겠지요? 그러니 이 둘이 핵심어가 되겠네요.

지훈 : 그런데 이것만으로 중심 생각을 찾았다고 보기에는 뭔가 부족한 것 같아요.

은아 : 맞아요. 더구나 '지게'나 '노래'라는 게 서로 어떤 관계가 있는지 단어만 찾아서는 알아낼 수가 없는 것 같아요.

지훈 : '지게', '노래'를 찾는 것 말고 뭔가 다른 방법이 필요할 것 같은데요? 단어를 찾는 것 외에 또 뭐가 있을까요?

반복적으로 표현된 핵심어나 구(句)로 중심 생각을 알아낼 수도 있지만 이 것만으로는 부족하죠? 다음 단계를 거쳐야 제대로 문단의 중심 내용을 파악할 수 있습니다. 특히 문단의 겉에 중심 생각이 드러나 있지 않은 경우에는 이 방법을 알아야 교과서를 제대로 공부할 수 있습니다.

화제와 설명을 연결해 보자

위에 있는 예문에서 파악한 두 개의 핵심어 중에 '지게'는 화제에 해당됩니다. 그리고 '노래'는 화제와 관련된 의미, 즉 설명을 말하고 있습니다. 아직 정확한 중심 생각은 모르지만 '무엇을', '설명'하고 있다는 것까지 알았다면, 중심 생각에 거의 도달한 셈입니다.

화제란 말하는 사람이 '무엇'에 대해 말하고 있을 때 그 무엇에 해당되는 것을 말하고, 설명은 화제를 풀어 쓰거나 그것의 의미를 진술한 것입니다.

이처럼 문장은 화제와 그것을 설명하는 부분으로 구성되어 있으니, 이 둘을 잘 연결해야 중심 생각이 제대로 파악되겠지요? 이 둘을 연결하여 예로 든 문단의 중심 생각을 아래처럼 쓰면 됩니다.

"<u>지게</u>에는 <u>입에서 입으로 전해 온 노래가 있다.</u>"
　　화제　　　　　　　　　설명

잊지 말자! 문단을 읽고 중심 생각이 뚜렷하게 드러나지 않으면, 먼저 핵심어를 찾아라. 그 다음에 화제와 설명을 연결하여 의미하는 바를 스스로 만들면 중심 생각을 찾는데 더 효과적이다.

중심문장이 뒷받침문장을 안고 있나

그럼 한 문단에서 중심 생각을 품고 있는 문장을 쉽게 알아볼 수는 없을까요?

중심 문장은 중심 생각의 예를 보여주거나 중심 생각을 풀어 설명해 주는 뒷받침 문장과 함께 옵니다. 이렇게 중심 문장을 뒷받침하는 내용을 세부 정보라고 합니다. 이 세부 정보를 잘 찾아야 중심 생각을 제대로 파악했다고 볼 수 있죠. 아래 글을 읽어봅시다.

> <u>물은 여러 가지로 이용된다.</u> 1 물은 음식을 만들 때, 빨래를 할 때 등 일상 생활 용수로 쓰인다. (일상 생활 하수는 수질 오염의 주된 원인이 되고 있다.) 2 저수지에 가두었던 물은 농사를 짓는 데 이용된다. 그리고 3 높은 곳에서 떨어지는 물의 힘으로 전기를 일으켜 우리 생활에 이용하기도 한다.

《생활국어1-2》 79쪽

위 글에서 밑줄 그은 문장이 중심 생각이 들어 있는 중심 문장이고, 이어지는 문장 1 2 3은 이것(물의 다양한 이용)과 예를 보여주는 세부 정보를 담은 뒷받침 문장이라는 것을 찾아냈나요?

그런데 글을 읽다보면 '일상 생활 하수는 수질 오염의 주된 원인이 되고 있다'와 같은 문장처럼, 어떤 문장은 다른 문장과 관계가 없거나, 글의 흐름에서 벗어나 세부 정보를 찾는데 오히려 방해꾼이 되는 문장도 있습니다. 이 경우, 문장 가운데에 줄을 그어 삭제하는 표시를 하고 읽으면 되니 염려할 필요가 없습니다.

2. 중심 생각이 어디에 놓이나

문단은 여러 개의 문장으로 이루어지고, 문장들은 중심 문장과 뒷받침 문장으로 구분된다는 사실을 공부했죠? 문단 내에서 중심 내용을 담은 문장이 놓이는 방식은 크게 다섯 가지가 있습니다. 글의 구성 방식이라고 하는데, 수학의 공식과도 같아서 중심 생각을 찾는데도 도움이 됩니다. 각각의 예를 들어 볼까요?

글의 앞부분(첫 문장)에 위치 – 두괄식

《생활국어 1–1》 37쪽

언어는 중요한 생활의 방편이다. 일상 생활에서 우리는 간단한 개인적 요구에서부터 어렵고 복잡한 철학적 이야기에 이르기까지 모든 것을, 언어를 도구로 사용하여 표현하고 이해한다. 언어를 사용함으로써 인간은 다른 동물들이 도저히 이룰 수 없는 세밀하고 정교한 의사 소통을 할 수 있는 것이다. 그리고 이러한 언어적 의사 소통을 통해서 인간은 인간만의 놀라운 삶을 누릴 수 있게 된 것이다.

글의 끝부분(마지막 문장)에 위치 – 미괄식

《생활국어 1–1》 10쪽

여러분 가운데는 좋은 생각이 떠올라도 이를 글로 적절하게 표현할 줄 몰라 어려움을 겪어 본 사람이 있을 것이다. 글을 쓸 때에는 생각한 바를 글로 잘 풀어 내는 능력이 매우 중요하다. 그러나 표현은 생각을 언어로 나타낸 것이기 때문에 참신한 표현은 창의적인 생각을 떠나서는 존재할 수 없다. 말재주만으로는 결코 좋은 표현을 기대할 수 없다. 생각을 깊고 창의적으로 하고, 그것을 새롭게 표현하는 연습을 할 때에 비로소 좋은 글을 쓸 수 있을 것이다.

글의 중간 부분에 위치 – 중괄식

개인이니 공동체가 바람직하고 좋은 것으로 여겨 추구하는 가치에는 견해 차이가 발생할 수 있고, 이는 사람들 간의 갈등의 원인이 된다. 따라서, <u>가치 갈등은 우리에게 불가피하게 따라다니는 것으로 보아야 하고, 인간의 삶 속에서 흔히 존재한다고 할 수 있다.</u> 인간이 가치를 추구하는 존재이니만큼 인간은 가치 갈등을 겪지 않을 수 없다. 사람들 사이에서는 때로는 의견이 일치하고 대화와 타협이 잘 되다가도 새로운 상황이 발생하면 또다른 갈등이 생겨나기도 한다.

〈도덕3〉 38쪽

글의 앞부분과 끝부분 모두에 위치 – 양괄식

<u>미술을 알아 가는 가장 좋은 방법은 작품을 '실제로' 보는 것이다.</u> 미술 작품은 재료와 크기에 따라 전혀 다른 느낌을 준다. 따라서, 아무리 인쇄가 정교해도 화집(畫集)[1]으로는 실제 작품의 모습을 온전하게 느낄 수 없다. 그러므로 미술 작품을 제대로 감상하기 위해서는 <u>작품을 직접 보고 느껴야 한다.</u>

〈국어 2-1〉 85쪽

모든 문장이 대등하게 나열 – 병렬식

으로 어렵게 모은 2억 원을 장학금으로 내놓은 김 할머니, 곰탕집을 하면서 평생 모은 50억 원을 어느 대학에 기증한 부산의 강 할머니 등이 그들이다.

또한, 우리는 나라와 민족의 경계를 넘어 <u>인류 전체를 이웃으로 보기도 한다.</u>① <u>스포츠 경기나 문화 행사를 통해 여러 나라의 사람들이 모여 함께 즐기며 친목을 다지기도 하고,</u>② <u>전쟁 억제나 환경 보호와 같은 인류 공동의 문제에 대처하기 위해 협력하기도 한다.</u> 우리가 얼굴도 모르는 <u>아프리카 난민을 돕는 것이나,</u>③ <u>각종 환경 조약에 가입하여 보호 활동을 전개하는 것</u>④

〈도덕3〉 154쪽

중학교 단계의 교과서에는 중심 생각이 문단의 겉에 드러나 있는 경우가 대부분이니, '문단의 어느 부분에 중심 생각이 있을까' 하고 스스로 질문하면서 읽는 습관을 들여야겠어요.

3. 숨어 있는 중심 생각 찾기

지금까지 공부한 중심 생각 찾기 요령은 중심 내용이 문단의 겉에 드러나 있는 경우에 사용할 수 있는 것이었어요. 그런데 모든 글에 중심 생각이 쉽게 찾을 수 있게 겉에 드러나 있을까요? 안타깝게도 문단에 표면적으로 나타나 있지 않은 글도 많습니다. 중심 생각이 얄밉게도 글 속에 숨어 있는 거지요. 중심 생각이 겉으로 드러나지 않은 글을 읽는 능력은 특히 고등학교에 들어가면 더욱 필요합니다. 이때는 숨어 있는 중심 생각을 차근차근 끄집어내면 됩니다.

1. 각 문단을 주의 깊게 읽자.

2. 문단별로 두 가지 질문을 하자.

 – 무엇에 대해 서술하고 있는가?(Q1-화제)

 – 핵심적인 메시지나 요지는 무엇인가?(Q2-설명)

3. 각 문단의 화제(Q1)와 설명(Q2)을 연결해 문장을 만들자.

4. 각 문단을 요약한 문장들 간의 의미 관계를 분석하자.

5. 가장 의미가 큰 문장이 다른 문장들을 포함하는지 확인하자.

두괄식
중심문장+뒷받침문장

미괄식
뒷받침문장+중심문장

양괄식
중심문장+뒷받침문장+
중심문장

병렬식
중심문장+뒷받침문장+
뒷받침문장+중심문장+
뒷받침문장

보너스 요령
문단의 어느 부분에 중심 생각이 있는지 파악하면서 책 여백에 시각적으로 표시해두면 나중에 공부할 때 도움이 됩니다.
① 앞부분에 오는 경우

② 끝에 오는 경우

③ 중간에 오는 경우

④ 앞과 끝에 오는 경우
　(모래시계 모양)

⑤ 모든 문장이 대등한
　경우

잊지 말자! 핵심 아이디어가 겉으로 드러나 있지 않은 경우에는 각 문단을 자세히 읽고서 의미를 구성하는 것(Q1×Q2)이 핵심이다.

4. 글의 전체 주제 찾고, 만들기

하나의 글은 여러 개의 문단으로 짜여 있죠. 그리고 각 문단마다 중심 생각이 있다는 것까지 공부했어요. 이것을 찾았으면 이제 글 전체의 주제를 찾아볼까요? 중심 생각을 찾는 최종적인 목적은 글의 주제를 알아내기 위한 것이니까요. 주제를 찾는 방법으로는 각각의 문단에서 찾아낸 중심 문장들 중에서 가장 중요하다고 생각되는 것을 하나 골라내거나, 각각의 중심 생각을 종합해서 주제를 끄집어내는 두 가지가 있지요. 각 문단에서 중심 문장을 골라내고, 그 중심 문장을 가지고 주제를 찾아내는 거지요.

그러니까 중심 생각은 문단에 드러나 있는 중심 생각 중 하나가 될 수도 있고, 각 문단에 숨어 있는 중심 생각을 다시 정리해서 재구성한 것일 수도 있다는 거지요. 중심 생각 찾기까지 끝내면 글 한 편에 대한 완전한 읽기를 완성하게 되는 거에요. 그러니 조금만 더 힘냅시다.

몇 개의 문단으로 이루어진 한 편의 글을 갖고, 주제 찾는 연습을 해볼게요.

이런 연습을 자주 하게 되면 문단의 구성을 자연스럽게 알게 되니 문단 나누기를 할 때 도움을 많이 받을 수 있겠죠? 글을 파악하는 속도나 정확도도 이 책의 방법을 하나하나 배우면서 점차 나아질 수 있을 거에요.

뒷받침 문단
주제문이 있는 문단을 제외한 나머지 문단은 세부 정보를 나타내는 뒷받침 문단이라는 사실도 기억하세요.

《국어 1-2》183쪽

가 우리가 날마다 보는 신문에는 지금 이 세상에서 일어나는 많은 일들이 실려 있다. 가까이는 내가 사는 고장의 이야기에서부터, 멀리는 외국의 이야기까지 나온다. 대개는 지난 24시간 동안에 일어난 사건들인데, 그 가운데에는 불과 한두 시간 전에 일어난 것도 들어 있다.

나 신문의 구실은 나라 안팎, 먼 곳, 가까운 곳의 소식을 전해 주는 데에 있다. 새로운 소식은 누구나 궁금해하는 것이며, 그 중에는 우리가 살기 위해서 반드시 알아야 할 것들도 적지 않다. 더구나 지구의 이편과 저편이 한 동네처럼 가까워진 오늘날에는, 먼 곳에서 일어난 일이라 하더라도 우리의 일상 생활에 직접 영향을 주기도 한다.

다 잡지는 발행 주기에 따라 여러 종류로 나뉜다. 잡지는 한 달에 한 번 나오는 월간이 보통이지만, 이 밖에 주간, 순간, 계간, 연간도 있다. 주간이나 순간과 같이 짧은 간격을 두고 나오는 잡지는 대개 신문과 비슷하게 시사를 다루는 경우가 많고, 월간이나 연간과 같이 발행 간격이 긴 잡지는 대개 서적과 비슷하게 전문적인 문제에 중심을 둘 때가 많다.

라 신문에는 뉴스, 의견 이외에도 여러 가지 읽을거리가 실린다. 취미와 오락에 관한 글도 있고, 의식주나 그 밖의 살림살이의 개선에 도움을 주는 글도 있으며, 과학이나 사상, 종교, 예술, 기술 등에 관한 새로운 소식을 소개하여 독자의 지식과 교양을 쌓게 하여 문화 발전에 이바지하게 한다.

각 문단의 중심 생각은 이렇게 정리하면 되겠지요.

가	질문 1. 무엇에 대해 서술하고 있는가?
	신문의 의미
	질문 2. 핵심적인 메시지나 요지는 무엇인가?
	세상에서 일어나는 일들이 실렸다.

㉯	질문 1. 무엇에 대해 서술하고 있는가? 신문의 구실 질문 2. 핵심적인 메시지나 요지는 무엇인가? 나라 안팎의 소식을 전해줘 일상생활에 영향을 준다.
㉰	질문 1. 무엇에 대해 서술하고 있는가? 잡지의 종류 질문 2. 핵심적인 메시지나 요지는 무엇인가? 발행주기에 따라 여러 종류로 나뉜다.
㉱	질문 1. 무엇에 대해 서술하고 있는가? 신문의 읽을거리 질문 2. 핵심적인 메시지나 요지는 무엇인가? 뉴스·의견·취미·오락·의식주·과학예술 등에 대한 기사들이 있다.

주제 : 신문의 구실과 읽을거리

그런데 ㉮ ㉯ ㉱는 모두 '신문'에 관해 말하고 있지만, ㉰는 잡지의 종류에 대해 설명하고 있습니다. ㉰처럼 글 전체의 주제를 파악하는 데 도움을 주지 못하는 문단은 의식적으로 무시하거나 제외하고 읽어야 합니다. 앞서 살펴본 방해꾼 문장과 마찬가지입니다.

그럼, 이 글의 주제는 어떻게 정리해야 할까요? ㉮의 신문의 의미, ㉯의 신문의 구실, ㉱의 신문의 읽을거리 중에서 주제를 나타내는 문장을 찾을 수도 있고, 각 중심 생각을 종합해 주제를 만들 수도 있겠지요? 이 글에서는 ㉯문단을 중심 문단으로 해서 신문의 구실과 읽을거리를 주제로 하면 좋습니다. 또는 ㉯와 ㉰를 종합해도 주제를 만들어 낼 수 있습니다.

이렇게 해서 찾아낸 주제가 곧 글의 제목이라고 봐도 좋습니다.

5. 세부 정보 찾기

중심 생각을 찾고 주제를 만드는 연습을 했어요. 이것으로 글을 다 이해했나요? 아니죠. 뭔가 부족하다고 느껴지지 않나요? 그건 중심 생각을 뒷받침해주는 문장을 찾지 않았기 때문이죠. 중심 생각을 뒷받침하는 문장을 통해 세부 정보도 함께 이해해야 글을 제대로 읽었다고 말할 수 있으니까요.

한 문단에서 세부 정보는 크게 네 가지 형태로 나눌 수 있습니다. 교과서 내용을 보면서 공부해 봅시다.

표본 정보

교과서를 읽다보면 구체적인 사실이나 특성을 얘기하기 전에 '예를 들면' 이라는 삽입구가 있는 경우가 있죠? 이를 표본 정보라고 합니다.

이러한 삽입구가 없는 경우에도, 세부 정보 앞에 '예를 들면' 이라는 말을 넣었을 때 말이 통하면 그 문장은 표본 정보가 됩니다.

다음 글의 줄 친 부분 ①을 잘 살펴보세요. 중심 문장을 설명하는 세부 정보로 표본 정보가 들어있네요.

현대 사회에서 나타나고 있는 이러한 삶의 다양성은 우리에게 풍요로운 삶을 누릴 기회를 제공해 주고 있다. 그러한 다양성으로 인해 우리는 부족한 점에 대해 서로 도움을 주고받을 수 있기 때문이다.[1] 예를 들면, 농부는 농사를 짓고 건축가는 건축가의 활동을 함으로써 서로 간의 삶을 유지하면서 풍요롭고 쾌적한 생활을 할 수 있는 것이다.

《도덕 3》 9쪽

추리 정보

아래 인용을 먼저 볼까요? 추리 정보를 활용하여 중심 생각을 나타낸 글입니다. '왜'라는 질문에 대한 답, 그것이 곧 추리 정보입니다.

핵심이 되는 생각을 나타내는 문장과 이에 대한 세부 정보를 나타내는 문장 사이 ②에 '왜냐하면'이라는 말을 넣어보세요. 문장의 흐름이 어색하지 않으면, 그 세부 정보는 추리 정보라고 보면 됩니다.

《국어 1-2》 184쪽

또, 그릇은 용도에 따라 그 크기가 적절해야 한다.[2] 내용물보다 큰 그릇을 대하고 보면 민망스러울 때가 있다. 그리고 작은 그릇에 넘치도록 담는 것을 보기도 한다. '적당하다'는 것이 얼마나 어려운 일인가?

표본 정보+추리 정보

뒤 페이지의 예는 어떤 경우에 해당될까요? 앞 문장과 뒤이어 나오는 문장 사이③에 '예를 들면(표본 정보)'을 넣어도 의미가 통하고, '왜냐하면(추리 정보)'을 넣어도 연결이 되잖아요. 두 가지 세부 정보를 사용해 중심 생각을 나타낼 수도 있답니다.

《국어 1-2》175쪽

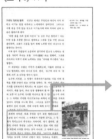

다음은 통신 예절을 생각해 보자. 말에 의해 오해가 풀리고 친밀감이 형성되기도 하지만, 말 때문에 오해가 생기는 경우도 있다. '마마 보이'라는 단순한 놀림이 주먹싸움으로 커질 수도 있다. ③통신 상황에서는 자신과 상대의 모습이 드러나지 않기 때문에 바람직하지 못한 언어가 마구 사용되기도 한다. 노골적으로 상대를 조롱하는 말을 하거나 직접적으로 욕설을 퍼붓기도 하며, 비속어를 사용하기도 한다. 이런 비정상적인 언어 사용 ⑮

재진술 정보

중심 생각의 의미는 같은데 표현을 약간 다르게 해서 덧붙여지는 문장이 있습니다. 이렇게 다시 표현하는 문장을 재진술 정보라고 합니다. 중심 생각을 다시 표현하는 것뿐이지만, 글 전체를 보다 깊고 넓게 이해하는데 도움이 되니까 뒷받침 문장(세부 정보)이라 해도 큰 무리는 없겠죠?

④와 같이 '다시 말하면', '바꾸어 말하면'과 같은 삽입구가 있으면 뒤의 문장은 세부 정보를 나타내는 재진술 문장이랍니다.

《도덕 3》11쪽

본래적 가치란, 다른 무엇을 얻기 위한 방편으로서 소중한 것이 아니라, 그 자체로서 귀중한 것이고, 그 자체가 목적으로서 추구되는 가치이다. ④다시 말하면, 본래적 가치의 특징은 그것이 추구하고 있는 어떤 다른 것 때문에 가치를 가지는 것이 아니라, 그 자체가 스스로 가치를 지니고 있다는 점에 있다. 그러므로 본래적

이제 문단의 중심 생각을 찾고, 그것들 중에서 고르거나 또는 종합해서 글의 주제를 파악하는 요령과 절차를 확실하게 이해했지요? 지금까지 배운 것을 정리해 봅시다.

지훈 : 글을 읽을 때는 먼저 글을 문단별로 나눠서 중심 문장과 이를 뒷받침하는 문장을 찾아야 해요.

은아 : 그 다음에는 각 문단의 중심 문장들을 정리해 보고 거기시 또 중심이 되는 문장 하나를 끌어내는 거지요.

지훈 : 아, 그런데 중심 생각은 글에 잘 드러나는 경우도 있지만 숨어 있는 경우도 많아요.

은아 : 맞아요. 이럴 때는 글에서 무슨 얘기를 하는지 잘 모르겠단 말이죠. 그러니까 5장에서 배운대로 이번에는 문장이 아니라 문단별로 어떤 관계가 있는지 따져보는 거에요.

지훈 : 글 전체를 숲으로 크게 보기도 하고 나무로 쪼개서 보기도 해야겠네요.

은아 : 글 전체를 봤을 때 중심 생각이 어디에 있는지를 알면 제가 글을 쓸 때도 잘 이용할 수 있을 것 같아요.

지훈 : 그 형식을 두괄식, 미괄식, 양괄식...이라고 하는 거죠.

은아 : 하지만 아무리 글의 중심 생각을 찾아내는 게 중요하다고 해도 글 전체를 보면서 세세한 정보나 연결고리를 파악하지 못하면 제대로 이해한 게 아닐 거에요. 그렇죠?

01

1. 한편의 글을 읽고, 중심 생각을 찾는 요령을 고르세요.

　① 문단을 단위로 글을 읽는다.

　② 반복적으로 나오는 핵심어나 구를 찾는다.

　③ 화제와 설명을 연결하여 중심 내용을 쓴다.

　④ 중심 문장이 뒷받침 문장을 포함하는지 확인한다.

　⑤ 중심 생각이 놓이는 방식을 안다.

02

2. 글쓴이의 중심 생각이 나타나 있지 않은 경우, 어떤 요령을 적용해야 하는지 핵심 절차를 두 가지만 써봅시다.

　　①

　　②

03

3. ‘중심 생각을 파악하며 읽자’ 와 관계가 있는 이 책의 장은 무엇인지 생각해 봅시다.

04

4. 중심 생각을 나타내는 문장과 이를 뒷받침하는 문장 사이에 ‘예를 들면’ 이라는 표현을 넣어 의미가 통하면 뒷받침 내용을 (　　　　　　　　) 정보라 한다.

05

5. 글을 읽고 주제와 중심 생각을 찾는 연습을 자주 해야 하는 이유를 생각해 봅시다.

이 장에서 공부한 중심 생각을 파악하는 기술은 글을 읽는 목적 그 자체입니다. 여러 가지 읽기 기술도 결국은 이 때문에 필요하겠죠? 앞에서 익힌 원리를 실천을 통해 굳히기 해볼까요.

STEP 1

아래 글을 읽고 중심 생각을 써보세요.

1 중화학 공업의 육성과 함께 정부는 농촌의 근대화와 생활 양식을 위해 새마을 운동을 추진하였다. 근면, 자조, 협동을 기본 정신으로 한 새마을 운동은, 그 동안 상대적으로 소홀하였던 농·어촌 개발에 착수함으로써 농·어촌의 가난했던 역사를 청산하고 주민들 스스로의 노력으로 자립할 수 있도록 하기 위한 것이었다. 이 운동을 계기로 농·어민들의 환경 개선과 소득 증대 사업이 이루어져, 농·어촌의 생활 수준과 소득도 점차 높아져 갔다.

《국사》 313쪽

중심 생각 : ＿＿＿＿＿＿＿＿＿＿＿＿＿＿＿＿＿

2 예를 들어, 갓 태어난 아기는 동물과 다를 바 없지만, 점차 부모 형제들과 가족생활을 하면서 다른 사람들과 더불어 살아갈 수 있는 행동양식을 배우게 된다. 이러한 과정을 사회화라 한다. 사회화는 한 인간이 사회생활을 할 수 있도록 그 사회가 기대하는 행동 양식과 규범 등의 문화를 학습하는 과정이다. 사회화는 개인적으로 자신의 성격을 형성하면서 독특한 자아를 형성하게 하고, 사회적으로는 구성원들이 그 사회의 문화를 전달받도록 하여 사회를 존속, 발전시킨다.

《사회2》 155쪽 금성출판사

중심 생각 : ＿＿＿＿＿＿＿＿＿＿＿＿＿＿＿＿＿

세 문단으로 된 아래 글을 읽고 아래 양식에 맞게 써봅시다. 힌트! 중심 생각이 겉에 드러나지 않은 글입니다.

> ### ▶ 조선의 개항과 근대화
>
> [1] 19세기부터 조선은 안팎으로 위기에 직면하였다. 강화도 조약에 의해 강제적으로 개항한 후에는 청·일을 비롯한 서양 열강의 각축장이 되었다. 그러한 가운데 개화파를 중심으로 근대 문물을 받아들여 근대 국가를 이룩하려는 노력도 계속되었다. 갑신정변, 갑오개혁, 독립 협회 활동, 애국 계몽 운동이 그것이었다.
>
> [2] 농민들은 동학 농민 운동을 일으켜 내정의 개혁과 외세의 배척을 촉구하였으며, 일본군의 침략에 무력으로 대항하였다. 또한, 일본이 명성 황후를 시해한 후부터는 민중들이 항일 의병 투쟁을 끈질기게 전개하였다.

《사회2》 89쪽 금성출판사

1	질문 1. 무엇에 대해 서술하고 있는가?
	질문 2. 핵심 요지는 무엇인가?
2	질문 1. 무엇에 대해 서술하고 있는가?
	질문 2. 핵심 요지는 무엇인가?

글의 전체적인 주제:

표시하고, 메모하며 읽자

요즘은 책을 읽고 자신의 홈피 등에 책의 글귀와 거기에 대한 생각을 예쁜 이미지와 함께 올리더군요. 자신이 읽은 내용을 인상 깊게 남기기 위해서겠죠? 표시하고, 메모하는 일도 마찬가지랍니다.

아침편지를 아시나요?

지은이에게는 매일 배달되는 한 통의 메일이 있습니다. 200여 만 명이 넘는 회원을 가진 〈고도원의 아침편지〉가 그것입니다. 어느 책의 한 구절과 거기에 짧은 생각을 덧붙인 메일이죠.

아침편지의 주인장 고도원 씨는 책을 좋아했던 아버지의 영향으로 이 일을 시작했다고 합니다. 아버지가 중요한 대목에 밑줄을 치면서 책을 읽으셨는데 그 영향으로 책을 많이 읽는 것은 물론이요, 밑줄을 치면서 글을 읽는 습관이 몸에 배었답니다. 책을 읽으면서 밑줄을 그어 놓았던 글귀에 자신의 생각을 적어 주위 사람들에게 메일로 보내준 겁니다. 그것이 지금처럼 수백만 명의 사람들에게 밝고 따뜻한 아침을 열게 하는 계기가 되었다고 하네요.

교과서 보기

　중학교 《국어 1-1》 넷째 단원은 메모하며 읽기입니다. 교과서를 읽을 때 중요한 내용에 밑줄을 긋거나 책의 여백에 글의 내용, 자신의 생각이나 느낌을 적으면서 읽도록 하려는 것이죠. 또 중학교 《국어 2-1》 둘째 단원(어떻게 읽을까)에서도 글 옆에 내용을 정리하면서 읽는 연습을 하게 꾸며져 있습니다. 한번 볼까요?

《국어1-1》 120쪽

　내가 태어난 갈재의 깊은 산촌에는 예로부터 아이가 태어나면 그 아이 몫으로 나무를 심는 풍속이 있었다. *어따지?* 딸을 낳으면 그 (딸)아이의 몫으로 논두렁에 오동나무 몇 그루를 심고, (아들)을 낳으면 선산에 그 아들 몫으로 소나무나 잣나무를 심었다. (이렇게 탄생과 더불어 심은 나무가 그 아이에게 있어 내나무인 것)이다. *그렇구나! 그런데 왜 나무를 심지?*

　딸이 성장하여 시집 갈 나이가 되고 혼례 치를 날을 받으면, 십수 년간 자란 이 내나무를 잘라 농짝이나 반닫이 등의 가구를 만들어 주었다. 아들의 경우, 내나무는 나무의 주인이 죽을 때까지 계속해서 자라게 둔다. 60년 안팎 자란 내나무는 우람한 나무가 되게 마련이다. 이 내나무는 주인의 관을 짜는 데 사용되었다.

　이처럼 내나무는 나의 탄생과 더불어 나와 숙명을 같이하고 죽을 때에는 더불어 묻히는 존재였다. 이 세상에 자연과 인생이 이토록 밀접한 동반 관계를 맺고 사는 나라가 있었을까 싶다. 그런데 이제는 내나무를 기르는 것도 우리 나라의 사라진 풍속 중의 하나가 되고 말았다. *왜 사라졌을까? 좋은 풍습인데. 가구나 관을 사 쓰기 때문일까!*

　- 내나무 풍습
　- 딸 : 오동나무 → 가구
　- 아들 : 소나무 → 관
　　　　잣나무

방법 **1** : 글 옆에 내용 정리

아프리카와 동남 아시아, 그리고 오스트레일리아의 열대림에는 베짜기개미가 서식한다. 베짜기개미들은 여럿이 힘을 합해 한 나뭇가지에 달려 있는 여러 잎들을 끌어당긴 뒤, 애벌레들이 분비하는 명주실을 사용하여 바느질하듯 잎들을 엮어 집을 만든다. 이처럼 미성년자들까지 동원한 <u>조직적인 협동 사회를 유지하는 데 절대적으로 필요한 것이 바로 고도로 발달한 화학 언어이다.</u> 개미들은 ①터의 경계, ②먹이 장소, ③침입자의 위치 등을 불과 몇 가지의 간단한 화학 낱말들을 가지고 전달한다. 그리고 그것들을 적절히 조합하여 더 복잡한 내용의 문구를 만들기도 한다. 페로몬을 사용하는 이와 같은 개미의 의사 소통도 우리 인간의 전유물로만 생각했던 언어의 기본적인 구조를 갖춘 하나의 엄연한 의사 소통 수단이다.

[손글씨 메모] 개미들이 모여 살지 않았다면 언어도 필요 없었을까?

[손글씨 메모] 개미들이 화학 언어를 사용하는 예

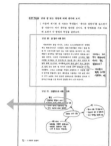

《국어2-1》 72쪽

왜, 중요할까?

교과서를 읽을 때 밑줄을 긋거나, 강조하는 표시를 하거나, 책의 여백에 중요한 내용이나 느낌을 메모하는 습관이 왜 중요할까요?

대화하면서 읽으면 이해력 쑥쑥

중요한 내용에 밑줄을 긋거나 강조하는 표시를 하면서 읽으면 내용과 대화를 하면서 읽는 셈입니다. 교과서 글을 친구삼아 대화하는 마음으로 읽으면 딴 생각을 하거나 딴전 부리지 않고 집중해서 읽을 수 있어 좋겠죠? 집중해서 읽으면 내용이 더 깊이 있게 이해되는 건 당연하겠고요.

색깔펜이나 형광펜을 사는 이유도 다 이런 표시를 위한 것 아니겠어요? 좀 더 효과적으로 표시하면 보기에도 좋고 나중에 공부하기에도 편하잖아요.

평소 시험 준비

시험에 임박해서 지훈이는 열심히 공부를 했습니다. 일명 벼락치기! 여러분 모두 경험해 보셨죠? 하지만 평상시 대충대충 공부를 했다면, 벼락치기를 해도 어느 이상으로는 점수가 올라가지 않게 돼요. 대개 시험 2주 정도를 남겨놓고 시험 시간이 발표되기 때문에 여러 과목의 내용을 깊이 있게 공부하기에는 시간이 모자라기 때문이죠.

만약 지훈이가 평소에 교과서를 읽으면서 중요한 내용에 표시를 하거나 중요한 내용을 책의 여백에 잘 정리해 놓았다면 어떨까요? 2주 정도의 짧은 시간이지만 정리한 내용들을 중심으로 시험 준비를 하면 시간도 절약되고, 여러 과목에 걸쳐 많은 문제를 풀어볼 수 있는 여유가 생기겠죠?

상위 10%는 간발의 차

선생님들이 학기말 성적을 어떻게 내는지 아시나요? 시험 점수 말고도 학습 태도와 수행 평가를 합쳐 20점을 배점합니다. 학습 태도는 수업 시간이나 평소에 공부하는 모습으로 확인하고요. 그러니 평소 예습 복습을 할 때 교과서에 표시하면서 읽고, 메모한 흔적을 남기면 좋겠죠?

또 어떤 선생님은 칠판에 쓴 내용을 노트에 따로 정리하지 않고 직접 교과서 여백에 옮겨 쓰게 하더군요. 이때 칠판의 내용과 말로 설명한 내용을 보기 좋게 메모해 놓으면 선생님 마음에 쏙 들겠죠.

중간시험과 기말시험을 만점 맞았다 해도 평소 태도와 수행평가에서 점수를 잃으면 상위 5%나 10%에 들기는 정말 힘들잖아요? 그러니 평소에 표시하고, 메모하는 습관을 들입시다.

표시하며 읽기, 이런 친구에게 필요하다

1 딴 생각을 하거나 아무 생각 없이 읽는다.

2 책을 읽을 때 불필요한 행동(연필 돌리기 등)을 한다.

3 2~3쪽 읽고선 그만 둔다.

4 독해력이 떨어지는 편이다.

5 암기하는 능력이 부족한 편이다.

6 독서 속도가 느린 편이다.

7 시험 때가 되면 시간이 부족하여 허둥댄다.

8 교과서보다 노트에 의지하여 시험 준비를 한다.

원리, 잡아보자

"밑줄 쫘악~, 돼지꼬리 땡땡!!"

이런 말을 습관처럼 내뱉고 칠판을 열심히 두드리던 유명한 선생님이 있었죠? 개그맨들이 흉내내서 더 유명한 선생님 말이죠. 여러분은 교과서를 읽을 때 중요한 내용에 밑줄을 긋거나 색깔이 있는 볼펜 등으로 강조하는 표시를 하고 있나요? 많은 친구들이 표시하기(marking, 밑줄 긋기+강조하기)를 하지만 그 요령을 제대로 익힌 친구들은 많지 않더군요.

1. 읽고, 생각하고, 결정한 다음에 표시하자

한 문단이나 소주제를 읽고 나면, 중요한 내용이 무엇인지 잠시 생각해 봅시다. 그 다음에 선택적으로 밑줄 긋기나 강조하는 표시를 하는 습관을 들입시다. 그렇지 않으면 문장 전체에 표시하게 되어 정작 꼭 외워야 할 요점을 가려낼 수 없어 헛수고만 하게 됩니다.

혹시 글을 읽으며 바로바로 밑줄을 그어야 시간이 절약된다고 생각하는 친구들이 있나요? 그건 큰 오해입니다. 한 문단이나 소주제 하나를 읽고서 무엇이 중요한지 잠시 생각하고 결정하는 시간은 5초면 충분합니다. 반면 그 효과가 매우 크다는 것은 실천해 보면 금방 알 수 있습니다.

이분청취(二分聽取)와 선택적 주의집중

MP3나 PSP로 음악 즐겨 듣지요? 이와 관련된 재미있는 연구가 있습니다. 이어폰을 통해 양쪽 귀에 서로 다른 메시지를 들려주고서 왼쪽 귀에 들리는 메시지를 따라하게 했어요. 그런 다음 오른쪽 귀로 들은 메시지를 말해보라 했더니 그 내용은 전혀 기억하지 못하는 거예요. 이를 이분청취 실험이라 합니다. 친구들하고 한번 직접 해보세요.

기억용량=메모리
프롤로그에서 설명한 '정보처리이론'을 다시 생각해 보세요.

학습은 주의집중으로부터 시작되는데, 주의(注意)의 가장 중요한 특성은 '선택적'이라는 것입니다. 사람의 기억 용량에는 한계가 있어요. 그래서 가장 중요한 특징에 대해서만 주의를 기울이게 됩니다. 위의 실험은 교과서를 읽을 때 선택적으로 주의집중을 잘해야 기억이 잘 된다는 걸 증명합니다.

결혼식 식당을 떠올려 보세요. 사람들이 음식 먹는 소리, 웃음소리, 떠드는 소리로 시끄럽지만 옆 사람과는 별 어려움 없이 대화를 나눌 수 있습니다. 바로 선택적 주의집중을 하기 때문이지요. 교과서를 읽고서 중요한 내용을 골라 밑줄을 그어야 하는 이유, 이제 확실히 알겠지요? 시험 바로 전 쉬는 시간에 마음은 급한데 중요한 내용을 빨리 봐야 하잖아요. 그 시간에 교과서에 표시한 내용만 한번 훑어도 핵심 내용이 들어오니 효과는 만점이겠죠?

2. 의미 있는 '구(句)'에 표시하자

여러분의 밑줄 긋는 요령이 얼마나 되나 말해 볼까요?

은아 : 저는 단어나 어휘에 가장 많이 표시해요. 그것이 가장 중심이 되는
　　　 개념이잖아요.

지훈 : 저는 문장 전체에 표시해요. 특히 읽으면서 문장에 표시하면 더 잘
　　　 이해되는 것 같아요. 물론 책은 아주 지저분해지지만요.

안타깝지만 두 친구의 방법 모두 잘못되었네요. 밑줄 긋기는 정보를 '선택
적으로' 골라내는 효과가 있기 때문에 나중에 공부할 때 도움이 되는 것입니
다. 밑줄 긋기를 단어에 표시한 경우, 문장 전체에 표시한 경우, 그리고 의미
있는 구에 표시한 경우를 비교해 봅시다. 그리고 어떤 경우가 읽은 내용을
기억하는 데 도움이 되는지 확인해 봅시다. 다음의 예를 한번 볼까요.

**단어에
표시**

울릉도는 수심 2,000m의 깊은 바다에서 여러 차례 용암이 분출하여 해발
984m까지 솟은 큰 화산으로, 비교적 유동성이 작은 조면암질 용암이 분출되
어 형성되었기 때문에, 마치 종을 엎어 놓은 모양으로 산의 경사가 급하다.
울릉도에는 큰 폭발 분출로 형성된 칼데라가 있고, 그 안에 알봉이라는 또 하
나의 화산이 형성되어 있어 이중 화산의 특색을 보이고 있다. 칼데라인 나리
분지는 울릉도에서 가장 넓은 평지로 이곳에서 밭농사가 이루어진다. 성인

봉은 칼데라를 둘러싼 봉우리 중 가장 높은 곳이다.

문장에 표시

울릉도는 수심 2,000m의 깊은 바다에서 여러 차례 용암이 분출하여 해발 984m까지 솟은 큰 화산으로, 비교적 유동성이 작은 조면암질 용암이 분출되어 형성되었기 때문에, 마치 종을 엎어 놓은 모양으로 산의 경사가 급하다. 울릉도에는 큰 폭발 분출로 형성된 칼데라가 있고, 그 안에 알봉이라는 또 하나의 화산이 형성되어 있어 이중 화산의 특색을 보이고 있다. 칼데라인 나리 분지는 울등도에서 가장 넓은 평지로 이곳에서 밭농사가 이루어진다. 성인봉은 칼데라를 둘러싼 봉우리 중 가장 높은 곳이다.

구에 표시

울릉도는 수심 2,000m의 깊은 바다에서 여러 차례 용암이 분출하여 해발 984m까지 솟은 큰 화산으로, 비교적 유동성이 작은 조면암질 용암이 분출되어 형성되었기 때문에, 마치 종을 엎어 놓은 모양으로 산의 경사가 급하다. 울릉도에는 큰 폭발 분출로 형성된 칼데라가 있고, 그 안에 알봉이라는 또 하나의 화산이 형성되어 있어 이중 화산의 특색을 보이고 있다. 칼데라인 나리 분지는 울등도에서 가장 넓은 평지로 이곳에서 밭농사가 이루어진다. 성인봉은 칼데라를 둘러싼 봉우리 중 가장 높은 곳이다.

《사회 1》 83쪽 금성출판사

어떤가요? 단어나 전체 문장보다는 의미 있는 구(句)에 밑줄을 긋거나 표시하니 내용이 더 잘 이해되지 않나요? 단어나 어휘에 표시하면 충분한 정보를 얻을 수가 없고, 문장 전체에 밑줄을 긋게 되면 무엇이 중요한지를 분간하기 어렵게 되죠.

잊지 말자! 문장 속에서 의미를 가진 단위가 되는 구에 표시하는 습관을 들이자. 이것이 표시하며 읽기의 핵심이다.

3. 핵심 개념에도 표시하자

의미가 있는 구에 표시해야 한다고 해서 문장이나 문단에 있는 핵심어(key word)에는 표시를 하지 말아야 할까요? 그건 아닙니다.

핵심어(개념)란 문장, 문단, 단락에서 가장 중요한 의미가 있는 개념입니다. 이것을 정확하게 파악하지 않으면 전체 내용을 이해하기 어렵습니다. 그러니 문장이나 문단의 핵심어에는 동그라미를 쳐봅시다. 그런데 무엇이 핵심 개념인지 어떻게 파악할까요?

핵심어란?

1. 풀어서 정의되거나 뒤에 추가적인 설명이 이어진다.

2. 반복해서 나온다.

3. 글자체나 크기가 다르다.

4. 처음에 나왔다가 마지막에 다시 나온다.

5. '강조하면', '핵심은', '결론적으로' 등의 표현과 함께 온다.

4. 나만의 강조하기 표식을 만들어 사용하자

강조하기는 중요한 내용에 ※, ☆, ★ 등의 표시를 하는 것인데, 보통 밑줄 긋기와 동시에 하게 됩니다. 강조하는 표시를 하는 것도 '내가 제대로 읽고 있는지', '중요한 내용이 무엇인지' 스스로 점검하면서 읽는 요령입니다. 이 또한 교과서의 내용과 대화하는 과정이지요.

강조하는 표시는 일관성이 있어야 합니다. 어떤 의미를 나타내는 표식(標式)이 교과마다, 공부할 때마다 다르면 나중에 어떤 의미로 표시했는지 헷갈릴 수 있습니다. 이런 혼란을 막으려면 나만의 기호를 만들어 사용하는 것이 좋습니다. 언제, 어디서나 사용하는 자신의 사인처럼 말입니다. 함께 만들어 볼까요?

1. 이해가 잘 안 된다 → ?

2. 아주 중요한 내용이다 → ※

3. 선생님께서 강조하셨다 → ◎

4. 생소한 어휘이다 → +

5. 더 깊이 공부해야 할 내용이다 → ↓

6. 내 생각은 다르다 → ≠

7. 나도 동의한다 → =

8. 시험에 나올 수 있다 → ☆

기호를 만들자
나만의 기호를 그럴듯하게 만들어도 자신이 그 기호들을 헷갈리면 안 되겠죠? 그러니 지금 만들어 적은 내용을 하나는 책상에, 하나는 교과서에 붙여두세요.

이렇게 강조하는 표식을 만들어 활용하면, 짜임새 있고 깊이 있게 공부할 수 있겠지요. '?' 표시를 했으면 나중에 선생님께 여쭈어보거나 참고서를 찾아보고, '※'와 '◎' 표시를 했으면 시험 준비할 때 더 주의를 기울이면 되니까요. 또 '+' 표시를 했으면 사전을 찾아 그 뜻을 알아보고, '↓' 표시를 했으면 학습장을 만들어 정리합니다. 그러면 깊이 있는 공부를 할 수 있을 겁니다.

5. 긴 문장 → 짧은 문단 → 긴 문단 순으로 연습하자

표시하면서 읽는 요령은 생각보다 실천하기가 쉽지 않습니다. 대학생들도 어려워하니까요. 그러니 처음부터 욕심내지 말고 짧고 쉬운 내용부터 꾸준히 연습을 한 다음, 점점 길고 복잡한 내용으로 연습을 해보세요.

처음에는 한 줄 문장, 그 다음에는 보다 긴 문장에 실천해봅시다. 문단을 대상으로 할 때에도 처음에는 2~3문장으로 된 문단으로 연습한 후에 보다 많은 문장으로 이루어진 문단에 실천하면 자신감이 생기겠죠?

지금까지 표시하며 읽기를 잘 할 수 있는 요령들을 공부했는데, 그 밖에 또 어떤 비결이 있나 알아봅시다.

안 보면 아까운 비결들

1. 일반적인 개념에는 표시하지 말자-중요하지도 않은 내용에 괜히 표시를 하거나 너무 많은 부분에 표시를 하면 오히려 방해가 됩니다. 지나치면 모자람만 못하답니다.

2. 접속사도 눈여겨보자 - '그러므로', '왜냐하면', '다시 말하면', '한편' 등의 표현은 앞뒤 내용들 간의 관계를 나타내 주는 단서들입니다.

3. 세부 정보에 표시하자 - 주로 중심 생각에 밑줄을 그어야 하지만, '정의', '예', '목록(일람표)', '통계치' 등에도 표시할 필요가 있습니다.

4. 제목에 표시하자 - 제목은 읽을 내용이 어떤 것인지 종합한 표현입니다. 그러니 제목이나 소제목이 눈에 띄도록 밑줄을 긋거나 박스를 치면 좋습니다.

5. 표시한 내용을 노트에 정리하자 - 표시한 내용을 책의 여백에 간단히 메모하거나 노트에 요약해 두면, 시험 공부할 때 시간을 아낄 수 있겠죠?

6. 복습할 때나 시험 준비할 때 다시 표시하자 - 불필요하게 표시된 내용이 있으면 무시하는 표시를 하고, 빠진 내용에 대해서는 추가로 표시하면 좋겠지요. 다시 표시할 때는 다른 색깔의 필기구를 사용하는 센스를 잊지 마세요.

7. 표시한 것을 평가해 보자 - 표시된 부분만을 따로 읽었을 때 의미가 통하는지, 너무 많거나 복잡하지 않은지, 표시한 내용과 시험 문제가 얼마나 일치하는지 등을 평가해 봅시다.

6. 여백에 메모하자

이제 위의 내용을 바탕으로 연습하면 밑줄 치기에 슬슬 요령이 생기겠죠? 그럼 이제 메모하기로 넘어가 볼까요. 밑줄을 긋거나 강조하는 표시를 하면서 읽는 습관도 중요하지만, 여기서 그치면 곤란합니다. '표시하기'가 적극적인 읽기의 시작이라면 '메모하기'는 읽기의 마무리입니다.

'책의 여백에 메모하기'는 책의 빈 공간에 읽은 내용의 요점을 간략하게 정리하거나 읽은 내용에 대해 자신의 느낌이나 주장, 의문점을 간단히 기록하라는 것입니다.

《국어 1-1》 121쪽

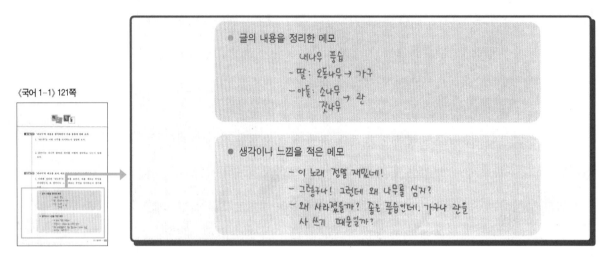

교과서를 읽고 중요한 내용을 요약, 정리하여 여백에 메모하면 핵심 내용을 잘 포착할 수 있고, 기억하는데도 도움이 됩니다. 그럼, 중요 정리 내용을 잘 메모하려면 어떻게 해야 하는지 살펴봅시다.

중요한 사실과 내용을 메모하자

1. 중심 문장이나 세부 정보에 표시하기를 먼저 한다.

2. 한 단원을 다 읽고서 표시한 내용을 '나의 말'로 요약한다.

3. 핵심 내용을 두세 단어로 줄여 간단한 문장으로 옮긴다.

4. 글의 내용과 관련된 '내가 알고 있는 내용'도 덧붙인다.

5. 사실과 저자의 의견, 주장을 구별하여 메모한다.

6. 정리하는 내용이 많으면 메모지에 적어 책에 붙인다.

7. 내가 알고 있는 중요한 내용도 덧붙인다.

그런데 읽은 내용을 잘 정리하는 것으로 메모하기를 마친다면 절반의 성공에 불과합니다. 글을 읽을 때 떠오른 생각이나 자신의 주장과 견해를 적극적으로 생각해내어 메모할 수 있어야 진정한 메모의 달인이 될 수 있습니다.

나의 생각이나 주장을 메모하자

1. 직접 드러나지 않은 저자의 생각이나 주장도 추론하여 메모한다.

2. 중요한 내용을 정리한 메모를 종합하여 주제문을 쓴다.

3. 사실적인 내용에 대한 이유와 나의 견해를 생각하여 적는다.

4. 저자의 생각을 비평하거나 반대되는 견해도 생각해 본다.

논설문이나 연설문처럼 다른 사람을 설득하는 데 목적이 있는 글을 읽을 때는 이런 요령이 더 필요하겠죠?

의문을 품고, 질문을 메모하자

본문에 대해 의문을 가져보세요. 7장 '질문하면서 읽자'에서 자세히 배우겠지만 이 방법을 활용하면 내용이 쉽게 이해됩니다. 또 3장에 나온 SQ3R(로빈슨 교수의 읽기 기술)의 둘째 단계인 '질문 만들기'를 하고, 여기에 답을 하는 형식으로 메모를 하면 일석이조의 효과를 얻을 수 있습니다.

7. 글의 짜임에 맞게 정리해 보자

교과서를 읽고 책의 여백에 메모를 잘 하려면, 글의 짜임에 맞게 정리하거나 노트필기를 해야 합니다. 글을 읽고 정리하는 기술은 읽은 내용에서 핵심을 뽑아 요점 정리하는 능력과도 관계가 있거든요.

잊지 말자! 교과서 표시와 메모의 핵심은 밑줄 긋기, 강조하기, 여백에 메모하기, 짜임새 있게 정리하기의 과정을 거친다.

은아 : 밑줄을 긋거나 메모를 하면 마치 교과서와 대화하는 것 같아요.

지훈 : 시험이 닥쳐도 다 공부할 필요 없이 정말 중요한 부분만 쏙쏙 뽑아 공부할 수 있을 것 같아요.

은아 : 적절한 핵심어나 구에 밑줄을 긋는 연습을 많이 해야겠어요.

지훈 : 전 당장 나만의 기호를 만들어서 예쁘게 사용해 볼래요.

은아 : 메모할 때는 의문 사항이나 느낌을 적는 게 좋다니, 이제부터는 읽을 때도 대본에 지문 쓰는 것처럼 좀 더 적극적으로 읽어야겠어요.

지훈 : 표시할 때 저는 문자를 보내면서 ‥이나 ──;;;를 쓰는 것처럼 정말 교과서와 대화하고 느끼는 것처럼 해볼래요.

이제 배운 것을 두루 적용하여 연습해 볼까요. 오른편에 한 학생이 정리한 교과서 부분을 살펴봅시다.

〈사회1〉 67쪽 금성출판사

충청 지방은 교통의 발달에 따라 도시가 크게 성장한 대표적인 지역이다. 대전은 경부선과 호남선 철도가 놓여지고 충청 남도의 도청이 이곳으로 옮겨오면서 빠르게 성장한 곳이다. 더욱이 고속 도로가 전국으로 이어지고 수도권에서 가깝기 때문에 정부의 여러 기관들이 이곳으로 옮겨 왔으며, 공업도 빠르게 성장하고 있다. 최근에는 연구 기관이 많은 대덕과 온천으로 유명한 유성 지역까지 포함하여 더욱 성장하고 있으며, 주변에는 군사 기능을 지닌 계룡 신도시가 있다. 철도 교통의 요지인 천안은 근래 수도권의 영향을 받아 빠르게 성장하고 있다. 반면에 백제의 도읍지였던 공주는 과거 금강의 수운과 육로 교통의 요지로 충청 남도의 도청 소재지였으나, 철도로부터 멀리 떨어져 있고, 도청 등의 기관이 대전으로 옮겨지면서 오랫동안 발전이 정체되었다. 그러나 최근에는 백제 문화권에 대한 역사·문화·관광 자원의 집중 개발로 활기를 되찾고 있다.

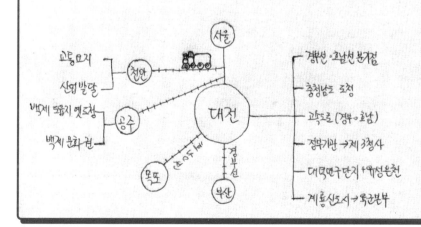

연습해보니 어떤가요? 교과서 표시와 메모가 생각보다 재미난 작업이라는

걸 알겠죠?

01 한 문단이나 절을 읽고 나서 무엇이 중요한지 잠시 생각하고 의미 있는 구에 밑줄을 쳐야 기억과 학습에 더 도움이 된다. (예, 아니오)

02 글을 읽을 때 '선택적 주의 집중' 이 중요한 이유를 간단히 써봅시다.

03 책의 여백에 메모를 할 때에는 글의 내용을 메모하고, 자신의 (   )을 함께 메모하는 것이 좋다.

04 아래 내용의 핵심 개념을 찾아 동그라미를 치고, 의미가 있는 중요한 내용에 밑줄을 그어보세요.

> "중 · 일 전쟁을 일으켜 중국 대륙을 침략한 일제는 그 후 미국의 진주만을 기습 공격함으로써 태평양 전쟁을 일으켰다."
> 《국사》 261쪽

05 교과서를 읽을 때 '표시하고 메모하며 읽기' 를 어떻게 연습하고 실천할 것인지 계획을 써봅시다.

　①
　②
　③

함께 해볼까?

표시하면서 읽고, 중요한 내용이나 나의 생각을 책의 여백에 메모하면서 읽는 기술은 모든 교과에 공통적으로 필요하다는 사실을 되새기면서 실천해 봅시다.

STEP 1

아래 글을 읽고, 중요한 내용에 표시하기(밑줄 긋기+강조하기)를 해봅시다.

> 　식물은 싹을 틔우고 생장하며, 꽃을 피우고 열매를 맺는 일 등 많은 생명 활동을 하고 있다. 이 모든 활동에는 에너지가 필요하다. 이런 에너지를 얻기 위해서는 동물과 마찬가지로 호흡을 해야 한다.
> 　식물의 호흡은 잎, 줄기, 뿌리의 모든 부분에서 진행되는데, 동물의 경우처럼 유기 영양소가 분해되어 에너지가 생긴다. 이때 산소는 받아들이고 이산화탄소는 내보낸다.
> 　낮에는 광합성으로 몸속에서 산소가 만들어지기 때문에 호흡에 필요한 산소를 별도로 흡수하지 않아도 된다. 그리고 호흡으로 생긴 이산화탄소는 광합성 원료로 사용된다. 하지만 밤에는 광합성이 일어나지 않으므로 기공을 통해 산소를 받아들이고 이산화탄소를 내보낸다.

《과학2》 115쪽 두산

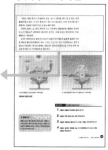

STEP 2

세 문단으로 된 글을 읽고 ① 본문에 표시하기(밑줄 긋기나 강조하기)+② 여백에 중요한 내용을 정리하는 메모하기를 실천해 보세요.

《사회2》 196쪽 금성출판사

> 　국민은 권리의 행사에 따르는 책임과 의무를 이행하여야 한다. 의무는 일정한 행위를 하거나 하지 못하도록 법적으로 강제하여 사회 질서를 유지시키는 기능을 한다. 우리나라 헌법에서는 국민의 기본권과 함께 국민의 기본적 의무를 규정하고 있다. 모든 국민은 법률이 정하는 바에 의하여 나라를 지켜야 하는 국방의 의무와 국가 재정을

마련하기 위해 세금을 내야 하는 납세의 의무를 진다.

보호자는 그의 보호하에 있는 자녀에게 법률이 정한 교육을 받게 할 교육의 의무를 지며, 모든 국민은 근로의 의무를 진다. 그 밖에도 헌법은 국민들이 환경 보전을 위해 노력해야 한다는 환경 보전의 의무를 규정하고 있으며, 국민의 모든 자유와 권리의 행사는 국가 안전 보장과 질서 유지, 또는 공공 복리를 해치지 않도록 행사되어야 한다고 밝히고 있다.

STEP 3

여러 문단으로 된 글을 읽고 ① 본문에 표시하기(밑줄 긋기와 강조하기)+② 여백에 중요한 내용을 정리하는 메모하기+③ 나의 생각(주장이나 느낌)을 적는 메모하기를 두루 실천해 보세요.

《국사》201쪽

갑신정변

조선은 임오군란 후 청의 내정 간섭을 받게 되었고, 다시 집권한 민씨 세력은 개화 정책에 소극적이어서 근대적인 개혁이 제대로 진행되지 못하였다. 이러한 상황은 일본의 메이지 유신을 본떠 근대 국가를 이루고자 하는 개화파 세력에게는 불만스러운 것이었다. 이에 김옥균, 박영효, 서광범, 홍영식 등 개화파 인사들이 우정국 개국 축하연을 이용하여 정변을 일으켰다. 이를 갑신정변이라 한다(1884).

이들은 새 정부를 구성하고 개혁 정치를 추진하였다. 이들이 발표한 개혁 정책에는 청에 대하여 자주권을 내세우고, 문벌 타파와 조세 제도를 개혁하는 것 등이 들어 있었다. 즉 개화당은 정치, 경제, 사회 등 여러 분야를 개혁하여 근대 국가를 수립하려고 하였던 것이다. 그러나 정변은 청군의 개입으로 3일 만에 실패로 끝났고, 김옥균, 박영

효 등은 일본으로 망명하였다.

갑신정변이 실패한 이유는, 개화 사상이 국민 속에 퍼지지 못하여 민중의 지지를 받지 못하였고, 개혁이 일본의 힘을 빌려 정변의 방식으로 추진됨으로써 국민의 반발을 샀기 때문이다. 그뿐만 아니라, 일본군보다 수적으로 우세한 청군이 개입한 것도 실패한 이유 중의 하나였다.

갑신정변의 결과

개화당 정권이 3일 만에 무너지자, 고종은 새 내각을 통해 각종 개혁 조치를 무효화하고, 예조 참판을 일본에 파견하여 일본의 정변 개입에 항의하고 김옥균 등 망명자의 송환을 요구하였다. 그러나 일본은 도리어 공사관이 불타고 공사관 직원이 희생된 데 대하여 사죄와 배상을 요구하며 무력 시위를 하였다. 이에 정부는 한성 조약을 맺고, 사죄와 더불어 배상금을 지불하였다.

갑신정변의 실패로 청에 비해 정치적으로 불리해진 일본은 청과 담판하여 톈진 조약을 맺고, 조선에서 청·일 양국 군대를 철수하고 장차 군대를 파병할 경우에는 서로 알릴 것을 약속하였다. 갑신정변 이후에도 조선에 대한 청의 내정 간섭은 여전히 심하였다. 청·일 두 나라는 서로 조선에 대한 경제적 침투를 강화하면서 경쟁하였고, 10년 후에는 청·일 전쟁이 일어나게 되었다.

《국사》 202쪽

질문하면서 읽자

교과서를 연극 대본이라고 생각해 볼까요. 여러분 스스로가 배우, 각본, 감독을 하는 겁니다. 교과서에 주어진 내용을 완벽하게 소화하기 위한 효과적인 방법은 내가 적극적으로 액션을 취하는 것이죠.

우유가 부패하면 왜 팩이 부풀어 오를까요?

어느 초등학교에서 교육실습을 하던 교생이 수업을 하는 가운데 있었던 장면입니다.

교 생 : 어떤 우유가 부패한 우유일까요?

학생1 : 팩이 부풀어 오른 우유는 부패한 것입니다.

교 생 : 그렇지요.

학생2 : 선생님, 그런데 우유가 부패하면 왜 팩이 부풀어 오르나요?

학생1의 대답에 교생이 '그렇지요' 하고 다음 주제로 넘어가려는데, 학생2가 아무도 예상치 못한 질문을 했습니다. 지은이는 교생이 답변을 못할까 당황도 됐지만, 그보다는 학생2가 한 질문을 교생이 했더라면 하는 아쉬움이 더 컸습니다. 교사란 학생들이 깊이 생각하도록 질문하는 사람이니까요.

교과서를 능동적으로 읽는다는 것은 무엇을 의미할까요?

그 방법 중 하나가 질문하면서 읽는 것입니다. 읽은 내용을 받아들이기만 하는 게 아니라 적극적으로 묻고, 대답하고, 대화를 하면서 읽어야 합니다.

선생님은 어떤 대답을 했을까요?

우유의 성분은 단백질인데, 단백질이 부패하면 암모니아가 발생합니다. 암모니아가 기체 상태로 변하면서 부피가 훨씬 커지게 되는 것입니다. 그래서 우유가 부패하면 우유팩이 부풀어 오르는 거지요.

교과서 보기

《국어 1-2》의 첫 단원에서는 교과서를 능동적으로 읽는 네 가지 방법을 말하고 있습니다.

첫째, 글의 내용을 파악하면서 읽어야 한다. 둘째, 숨어 있는 내용을 추리하거나 상상하면서 읽어야 한다. 셋째, 글의 내용과 관련되는 질문을 만들어 보고, 그 질문에 대한 답을 찾으면서 읽어야 한다. 넷째, 중요한 곳에 밑줄을 긋거나 중요한 내용을 정리하면서 읽어야 한다. (간추림)

◀ 《국어1-2》 8~9쪽

여러분은 어떤 방법을 어떻게 활용하고 있나요? 이 장에서는 셋째 방법, 질문을 만들고 그 질문에 대한 답을 찾으면서 읽는 기술을 연습해 봅시다.

왜, 중요할까?

질문은 읽기의 좋은 연료가 되니까

'읽기' 란 글쓴이가 말하는 그대로의 의미를 수동적으로 받아들이는 것일까요? 아닙니다. 읽는 사람이 글의 내용을 나름대로 해석하거나 비판하는 등 읽은 내용의 의미를 새롭게 만들어내는 과정입니다. 따라서 교과서를 읽을 때에는 생각하면서 읽는 것이 중요한데, 여기서 '질문하며 읽기' 가 좋은 방법이죠.

질문하며 읽는 것이 중요한 이유를 교과서 보기의 첫 소단원 '화가 이중섭' 에서 따온 아래 내용을 갖고 직접 확인해 봅시다. 먼저, 여백에 있는 질문을 손으로 가리고 읽어보세요. 그런 다음 손을 떼고서 여백의 질문을 떠올리면서 같은 내용을 읽어보세요. 어떤 경우에 화가 이중섭의 심정이 더 잘 전달되나요?

《국어1-2》 17쪽

> 부산은 피란민으로 들끓었다. 남한에 친척이 없는 이중섭으로서는 앞으로 살아갈 일이 막막했다. 그는 부두에 나가서 기름통을 굴려 화물차에 싣거나, 선박에 페인트칠을 하는 등의 날품팔이를 했다. 그의 모습은 거지나 다름없었다. 더구나 추운 겨울을 난다는 것은 보통 일이 아니었다. 옷이란 옷을 다 껴입고 자는데도 추위 때문에 이가 딱딱 부딪힐 정도였다. 그런 추위 속에서 웅크리고 자는 아내와 두 아들을 보고 있자니 그는 잠을 이룰 수 없었다.

5

당시 이중섭의 생활이 어떠했을지 짐작해 보자.

10

아래 그림을 잘 보면 질문하며 읽기가 중요한 이유를 확실히 알 수 있습니다. 읽기 활동은 생각하는 과정(철로)이고, 읽기의 목적(종착역)은 스스로 의미를 만드는 것을 말합니다. 기차가 종착역에 안전하게 도착하려면, 맨 앞에 있는 기관차에서 동력(질문하기)을 잘 제공해야겠죠?

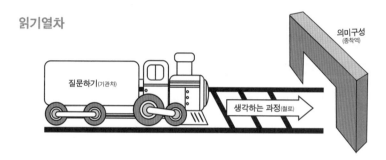

질문하면서 읽으면 좋은 이유

1 질문에 대한 답을 찾기 위해 읽으면, 무작정 읽을 때보다 읽는 목표와 동기가 분명해져서 집중이 잘 된다!

2 같은 내용이라도 궁금증을 품고 읽으니, 호기심이 생겨 지루하지 않고, 몰입이 잘 되는 건 당연지사(當然之事)!

3 요리조리 따져 읽으니, 넓고 깊게 생각하는 능력이 향상되고 복잡한 글도 쉽게 이해하는 것은 당연한 일!

4 질문한다는 것은 곧 시험 문제를 만들어 보는 셈이니, 읽으면서 자연스레 시험 대비가 된다!

5 집중해서 읽었으니 기억이 잘 될 것이고, 시험 문제를 만들어 봤으니 성적이 안 오르면 이상한 일!

6 자기 스스로 공부하는 자기 주도적 학습능력을 몸에 익혔다는 것이니, 우등생 고지가 바로 저기!

원리, 잡아보자

1. 읽기 과정별로 질문하는 요령

교과서든 다른 읽을거리든, 과정 중심의 읽기 기술(여백 설명)을 실천하는 것이 중요합니다. 교과서에 실린 글을 읽을 때, 글을 읽기 전→글을 읽는 중 →글을 읽은 후에는 어떤 질문을 하면서 읽는 것이 좋은지 알아볼까요?

읽기 전에는

- **문1** 글의 제목, 주제, 학습 목표는 무엇인가?
- **문2** 이 글을 읽고, 어떤 내용을 중점적으로 알아야 하지?
- **문3** 왜 읽어야 하지?(시험 준비 또는 보고서 작성)
- **문4** 이 글에 대해 내가 알고 있는 배경 지식은?
- **문5** 이 글을 얼마나 빨리 읽어야 하나? 훑어보기로 족한가, 아니면 자세히 읽어야 할까?
- **문6** 학습이 끝난 후 어떤 학습활동을 해야 하지?

읽는 중에는

- **문1** 제대로 이해하면서 읽고 있나?
- **문2** (이야기 글의 경우) 등장하는 인물의 성격, 배경, 사건의 흐름을 제대로 파

악하며 읽고 있나?

문3 (설명문의 경우) 글의 중심 생각은 무엇이고, 세부 정보는 무엇인지 파

악하면서 읽고 있나?

문4 방금 읽은 내용을 회상할 수 있나?

문5 다음 절이나 장에서는 어떤 내용이 나올까?

읽은
후에는

문1 방금 읽은 전체 내용을 연결하여 요약할 수 있나?

문2 읽은 내용을 시각적으로 표현할 수 있나?

문3 다 읽고 나서 아는 것과 모르는 것을 분간할 수 있나?

문4 맨 뒤에 있는 문제를 어느 정도 해결할 수 있나?

2. 드러나 있는 사실을 파악하기 위한 질문

글을 읽고 잘 이해하려면 일단 문단의 겉에 드러나 있는 개념의 뜻, 이야기의 줄거리, 중심 생각, 공식 등을 정확히 파악하고 있는지 스스로 질문할 필요가 있죠. 이런 질문을 회상 질문이라고 합니다.

회상 질문에는 무엇이 있을까

1. 기본적인 사실(인물, 배경, 시간, 장소 등)에 관한 질문 – 사람의 마음에는 무엇이 있지? (톨스토이가 쓴 《사람은 무엇으로 사는가》를 읽고서)

2. 사건, 일, 절차의 흐름에 관한 질문 – 어떤 순서로 지역사회를 조사해야 하지?(《사회 1》 '지역과 사회 탐구' 를 읽으면서)

3. 글의 주제, 중심 내용, 세부 정보를 찾는 질문 – 중심 문장은 무엇이고, 어디에 있지?

4. 원인과 결과, 문제·해결의 관계를 파악하는 질문 – 백제가 멸망한 원인 세 가지는 무엇이지?(《국사 (상)》 '1. 삼국의 통일' 을 읽으면서)

5. 화제, 인물, 사물의 공통점과 차이점 등을 비교하는 질문 – 제주도와 울릉도의 지형적 공통점과 차이점은 무엇이지?

지훈 : 5장에서 배웠지만 교과서를 읽다 보면, 공부해야 할 사항이 문단에 겉으로 나와 있어서 쉽게 찾을 수 있는 경우만 있는 것은 아니에요.

은아 : 맞아요. 읽는 사람이 그 의미를 스스로 생각하여 찾아내야 하는 경우도 있다고요.

3. 드러나 있지 않는 내용을 추론하는 질문

교과서를 읽으면서 겉으로 드러난 내용만을 이해하는 것으로 모든 것이 해결되면 얼마나 좋겠어요. 교과서를 완전히 내 것으로 만들려면 여러 사실로부터 새로운 의미를 끌어내야 할 때가 많습니다. 그러려면 추론하거나, 추론하는 질문을 하면서 읽어야 합니다.

추론 질문에는 무엇이 있을까

1. 문학 작품에서 의미나 비유의 뜻을 찾는 질문 – 벚꽃과 푸른솔은 각각 무엇을 의미하나? (중학 《국어 1 1》에 있는 시, '새봄'을 읽으면서)

2. 중심 생각이나 주제를 찾고, 제목을 붙이기 위한 질문 – 이 글의 주제는 무엇이지? 또는 이들 문장을 종합하면 어떤 결론이 내려지지? (문단에 있는 각 문장을 읽고)

3. 생략되었거나 드러나지 않은 세부 정보나 예를 찾는 질문 – 대륙의 영향이란 무엇을 말하지? (《사회1》 109쪽, 금성출판사, "북부 지방은 중·남부 지방에 비해 기온의 연교차가 크게 나타나는데, 이것은 북부 지방이 대륙의 영향을 받기 때문이다"라는 문장을 읽으면서)

4. 글의 줄거리를 파악하고, 결과를 예측하기 위한 질문 – 다음에는 어떤 내용이 올까?

이 밖에도 단어의 의미 찾기(예, 진한 표시로 된 단어의 뜻은 무엇일까?), 비교하기(예, 두 인물의 공통점은 무엇이지?), 드러나지 않은 원인과 결과 파악하기 등 추론하는 질문은 다양합니다.

4. 사고 수준별로 질문하는 요령

지훈 : 질문하면서 읽으면, 스스로 생각하는 능력이 길러진다는 것을 확실히 알았어요.

추론(inference)?
주어진 정보나 전제에서부터 이치에 맞게 판단하거나 결론을 끌어내는 것이죠.

그렇지만 생각에도 깊이가 있다는 사실은 잊지 말아야 합니다. 수박 겉핥기 식의 질문만 계속 한다면 읽기 실력이 나아지지 않을 테니까요.

그러면 생각의 깊이를 어떻게 알 수 있나요? 그건 눈으로 보이는 게 아닌데 말이죠. 물론 생각하는 수준을 구분하기가 쉽지는 않아요. 하지만 선생님들은 이것을 염두에 두고 시험 문제를 출제합니다. 단순히 쉽거나 어려운 문제를 내는 것이 아니에요. 선생님들은 시험 문제별로 학생들에게 맞는 수준의 문제를 내고 그 결과를 아래의 표처럼 기록합니다. 여러분이 문제를 얼마나 알고 있는지, 어떻게 응용할 수 있는지 등을 확인하는 것이죠.

시험문제 사고 수준 예

문항	문제 내 용	사고 수준					
		지식	이해	적용	분석	종합	평가
1	산업 재해의 원인	○					
2	인재와 천재의 구분	○					
3	소화기 사용법			○			
4	재해발생 5단계의 이해		○				
5	산업 안전 표지의 구분		○				
6	가구의 기능별 분류	○					
7	채광에 좋은 주택 방향				○		
8	효율적인 작업대의 높이		○				
9	형광등의 특징						○
10	주거 공간의 구분		○				

여러분의 사고 능력은 곧 교육(학습)목표가 되는데, 교육학자 블룸(J. S. Bloom)은 이것을 여섯 가지 단계로 제시하였습니다. 이것을 잘 이해하면 선생님들이 출제한 문제가 어떤 사고를 자극하는 것인지, 또 읽고 있는 내용에

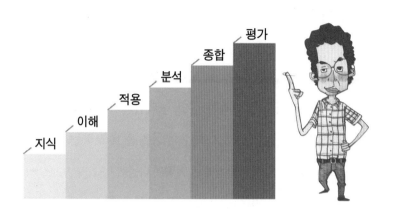

블룸은 누구?
벤자민 블룸(Benjamin Bloom). 시카고 대학의 교육심리학자로 교육을 통해 도달해야 할 목표를 세 가지 영역으로 구분해서 제시했는데, 이 책에 소개된 것은 '인지적 영역'에 해당됩니다.

는 어떤 질문을 하면서 읽어야 좋은지 알 수 있답니다. 특히 각각에 어울리는 동사 표현에 주의를 기울이세요.

블룸의 지적교육목표 분류법

1. 지식(Knowledge) : 어떤 내용을 읽고서 기본적인 사실이나 개념(뜻풀이), 공식, 등장하는 인물, 이야기의 전개 순서, 일의 과정이나 절차 등을 암기했다가 다시 기억해내는 것을 말합니다. 단순히 외워서 기억하는 것입니다.

예) 경수필이란? 어떤 순서로 지역사회를 조사해야 할까?

2. 이해(Comprehension) : 이미 알고 있는 지식이나 정보를 바탕으로 의미를 새롭게 찾아내거나, 다른 방식으로 표현하는 것이지요. 영어를 해석하여 우리말로 다시 번역하거나, 출생률 변화에 관한 글을 읽고 연도별 변화를 그래프로 그릴 수 있는 것이 그 예겠죠.

예) 임진왜란은 왜 일어났지?

3. 적용(Application) : 알고 있는 원리나 절차, 공식을 구체적인 상황에 적

용하여 문제를 해결하는 사고입니다.

예) 등고선을 그릴 때, 주곡선과 계곡선은 어떻게 그리지?

4. 분석(Analysis) : 어떤 자료를 구성 요소나 부분으로 나눌 수 있고, 그 요소들 간의 관계를 알거나 비교하는 사고 능력입니다. 글을 읽고 서론 – 본론 – 결론을 구분하거나, 자본주의와 사회주의 특징을 비교하는 것 등을 말하겠죠.

예) 제주도와 울릉도의 지형적 특징은 어떻게 다를까?

5. 종합(Synthesis) : 읽은 내용의 부분 부분을 합쳐, 더 큰 전체적인 의미나 관계를 파악하는 것을 말합니다. 새로운 그 무엇을 찾아내거나 계획을 세우고, 문제 해결 방안을 알아내는 것도 해당됩니다. 분석의 반대라고 봐도 좋겠죠.

예) 이 글의 내용을 하나로 묶을 수 있는 중심 생각은 무엇이지?

6. 평가(Evaluation) : 어떤 기준에 비추어 옳고 그름, 좋고 나쁨을 판단하는 것을 말합니다. 이 단계가 가장 수준이 높아요. 글의 내용을 비판하고 자신의 입장을 개입시키면서 읽는 습관과 관련됩니다.

예) 안티 사이트 규제에 대한 주장의 근거는 무엇인가?(《도덕3》 5쪽)

잊지 말자! 여섯 단계의 생각 수준을 머릿속에 두고 글을 읽고 거기에 대한 문제가 나왔을 때 어떤 생각 단계와 관계가 있는지를 생각하자.

솔직히 모든 단계를 정확하게 이해하는 게 쉽지는 않죠? 지은이도 알고 있답니다. 중학교에서는 앞에 나온 4단계까지가 더 자주 나와요. 물론 고등학교에 올라가면 6단계까지 알아야 하지만 일단은 지식, 이해, 적용, 분석까지만 완벽하게 알아 두세요.

5. 실전 처방

지금까지 교과서를 질문하면서 읽는 원리를 공부했습니다. 좀 복잡해 보이나요? 보다 쉬우면서 실제로도 도움이 되는 실전 처방 요령을 살펴볼 테니 꼭 활용해 보세요.

일단은 교과서가 요구하는 대로 해보자

은아 : 제 교과서를 보면 단원을 읽기 전과 읽은 후에 어떤 생각을 해야 하는지 질문이 나와 있어요.

지훈 : 맞아요. 또 본문 빈자리에 질문을 만들어 놓은 교과서도 있거든요. 아예 소제목이 질문 형식인 것도 봤어요.

교과서에 따라 이런 배려를 해놓은 곳도 물론 있답니다. 교과서를 읽을 때 질문이 잘 만들어져 있거든 굳이 새로 만들지 않아도 됩니다. 질문에 대해 깊이 있는 답을 찾는다는 생각으로 자세히 읽기만 하세요. 마치 교과서가 우리에게 "Shall we dance?"(함께 춤을 출까요) 하는 것 같잖아요? 마음껏 교과

《사회1》 224쪽 금성출판사

3 농산물과 광산물의 공급지

생각열기 '콜롬비아', '헤이즐럿' 등은 어른들이 즐겨 마시는 커피의 이름이다.

이 커피들은 어디에서 온 것들일까? 커피는 원래 아프리카의 아비시니아 고원이 원산지인데, 15세기 유럽 인들에 의해 라틴아메리카로 옮겨져 오늘날 이 곳은 세계적인 커피 산지가 되었다.

❶ 라틴아메리카에서 커피를 생산하는 국가는 어떤 나라들인가? 이들은 부유한 국가일까?

▼ 라틴아메리카 국가들의 주요 수출품은 무엇인가?

서에 몸을 맡기고, 리듬에 맞추어 즐기면서 공부하는 재미에 풍덩 빠지면 되지요. 어때요? 위의 내용을 읽을 때 ❶ 표시한 부분은 원래 교과서에 질문으로 되어 있는 것이니 여기에 유의하면서 읽으면 내용 파악이 더 잘 되겠죠?

다른 교과서 읽기 방법을 섞어보자

질문하면서 교과서를 읽는 기술은 다른 읽기 방법과 밀접하게 연결되어 있습니다. 몇 가지 예를 들어볼까요? 3장 '단계적으로 읽자' 에서 배운 SQ3R 읽기 방법에서 둘째 단계인 질문 만들기(Q-읽기 전에 소제목을 의문문으로 만드는 요령)가 대표적입니다. K-W-L 읽기 기술에서, 'W' 는 "이 단원을 공부하여 알고 싶은 것이 무엇인가?"를 생각하는 과정이니, 질문을 만들어 교과서를 읽는 능력을 기르기 좋겠죠. 이 밖에도 주제와 중심 내용, 그리고 세부 정보를 제대로 파악하려면 먼저 읽기 목적에 맞는 질문을 만들 수 있어야 합니다.

내가 시험 출제자가 되어 볼까

앞에서 설명한 대로 《국어 1-2》에는 교과서를 읽고, 질문을 만들고, 답을 하면서 읽는 연습을 하도록 단원을 구성하고 있습니다. 그런데 질문하고 답

《국어1-2》 198쪽

어머니의 마음 상태를 알 수 있는 구절을 찾아보자.

말없이 돌아보는 어머니의 두 눈에는 눈물이 홍건히 괴어 있었다. 동길이는 아버지가 슬그머니 무서워지는 것이었다. 어머니 곁으로 가서 부엌문에 붙어 서서도 곧장 아버지의 한쪽 소맷자락을 힐끗힐끗 건너다보았다.

어머니는 또 한 번 한숨을 쉬면서 함지박을 들고 부엌으로 들어갔다. 밀가루 수제비를 뜨는 것이었다. 어머니의 손끝에

K-W-L기술이란?
적극적인 읽기 기술의 하나로 읽기 과정에 자발적으로 참여할 수가 있죠. What I Know(내가 알고 있는 것), What I Want to Know(내가 알고 싶은 것), What I (have) Learned(내가 배운 것)의 과정이랍니다. 8장(191쪽)에 자세히 설명하니 여기서는 살짝 맛만 보세요.

하는 것(Q-A)으로 끝나지 말고 한 걸음 더 나아가 봅시다. 실제 시험 문제(I)를 생각해 보고, 그 문제를 분석하는 연습(A)을 해보면 어떨까요? Q-A-I-A의 앞의 두 단계(질문하기+답하기)는 교과서 그대로지만, 뒤의 두 단계는 지은이가 덧붙인 것입니다.

Q-A-I-A 교과서 읽기 틀

질문 (Question)	답 (Answer)	문제 (Item)	분석 (Analysis)
어머니의 마음 상태를 알 수 있는 구절을 찾아 보자		어머니의 마음 상태를 알 수 있는 두 가지 소재는? 1. 눈물 2. 함지박 3. 한숨 4. 부엌문	이냥

차근차근 살펴 보죠. 우선 교과서 여백에 질문이 나와 있거나 소제목이 질문 형식으로 되어 있으면 그대로 옮겨 적으세요. 읽은 후에 또 질문이 생기면 그것도 옮겨 적어야겠죠? 소제목이 질문 형식으로 되어 있지 않으면 스스로 질문 형식으로 바꾸어 적으면 됩니다. 그런 다음 관련 부분을 읽고 스스로 질문에 적합한 답을 씁니다. 단, 교과서 내용을 그대로 옮겨 적지 말고 자신의 말로 요약해야 좋겠죠?

여기서 질문이나 답이 비슷한 문제를 문제집이나 기출 시험에서 골라 오려붙이고 풀어보세요. 이를 위해 별도 공책을 만들어도 좋겠네요. 마지막으로 문제가 어떤 수준의 생각을 묻는 것인지 판단해서 적으면 되는데, 그 기준은 176쪽을 참고하세요. 이런 양식을 카드로 만들어 활용해도 좋고, 노트에 직접 기록해도 좋습니다. 이렇게 하면 질문 만들기→질문에 대한 답→시험 문제의 순서로 연결하여 공부할 수 있으니, 시험을 대비하는 데 도움이 되지 않겠어요? 그뿐인가요. 자신이 만든 질문과 실제 교과서에 있는 질문이 얼마나 일치하는지, 또 내가 얼마나 적절한 질문을 했는지 스스로 알 수 있으니 아마 더 공부하고 싶어질 거에요.

읽기를 이렇게나 활동적으로 할 수 있다니, 점점 재밌어지지 않나요? 교과서를 읽으면서 바로바로 시험 대비를 하는 셈이니 일거양득(一擧兩得)이죠? 하지만 질문을 너무 많이 만들지는 마세요. 질문의 수가 많은 것보다 '좋은 질문'을 만드는 것이 더 중요합니다.

·잊지 말자! 사소한 것까지 너무 생각하면 읽기 흐름이 느려지고, 시간과 에너지를 중요한 부분에 집중할 수 없다. 하나를 만들어도 좋은 문제를 만들자. 양보다 질!!

6. 반찬보다는 밥을 먹어요

지훈 : 하지만 교과서보다는 참고서의 설명이 자세하고, 공부해야 할 부분을 미리 설명해주어 더 좋다는 친구들도 많아요.

은아 : 맞아요. 교과서만 봐서는 이해가 안 가는 것들은 참고서를 보면 이해가 되는 것도 있거든요.

여러분도 이렇게 생각하나요? 그렇지만 곰곰이 생각해 보세요. 참고서는 하나하나, 시시콜콜, 빼곡하게 토를 달아놓으니 내 생각이 들어갈 자리가 없어요. 그럼 진짜 공부가 아니죠. 참고서는 단어 풀이도 다 하고, 질문도 만들고, 답도 다 내버립니다. 물론 과목에 따라서는 참고서가 많은 도움이 되는 것도 있습니다. 하지만 기본적으로는 교과서로 공부하는 게 좋습니다. 교과서를 읽으면서 스스로 질문하고, 답을 생각하는 가운데 깊이 있게 생각하는 능력이 길러집니다. 그래야 진짜 실력이 쌓이지요. 참고서는 교과서로 충분히 공부하고 난 뒤에 한번 훑어보는 정도로만 사용하세요.

지훈 : 무엇보다 교과서를 볼 때는 글을 읽기 전에 질문을 하나 품고 읽으면 확실히 집중이 더 잘 되고 자세하게 읽게 되는 것 같아요.

은아 : 질문은 읽기 전 뿐만 아니라 읽는 중에도, 읽은 후에도 하는 거로군요.

지훈 : 질문은 나침반 같은 역할을 하는 것 같아요. 글을 읽는 과정 내내 방향을 잃지 않도록 해주니까요.

은아 : 질문을 하면 글에 드러나는 의미 말고도 숨겨진 생각도 찾을 수 있다니, 깊이 있는 생각을 하도록 도와주는 좋은 친구네요.

지훈 : 선생님이 교과서에 적으라는 것만 적거나 수업 시간에 억지로 읽을 때도 많았는데, 교과서를 읽는 게 수동적인 일이 아니라는 사실을 알았어요.

은아 : 이미 잘 정리된 참고서를 보는 것보다 교과서를 보면서 세상에서 하나밖에 없는 나만의 참고서를 만들 수 있다니 왠지 신나는데요?

01 스스로 질문하면서 교과서를 읽으면, 능동적으로 읽고 생각하는 능력을 기르는데 효과가 있다. (예, 아니오)

02 아래 내용을 읽고, 읽기의 과정(전 - 중 - 후) 중 어느 단계에서 하는 것이 좋은지 체크하세요.

① 내가 알고 있는 배경지식은? (전 - 중 - 후)

② 전체 내용을 연결하여 요약할 수 있는가? (전 - 중 - 후)

③ 다음 절이나 장에서는 어떤 내용이 나올까? (전 - 중 - 후)

03 주어진 정보나 전제로부터 원리에 맞게 판단하거나 결론을 끌어내는 것을 (   )추론이라 한다.

04 '지역사회를 조사하는 순서' 를 쓰라는 시험 문제는 다음 중 어떤 사고에 해당되나요?

① 지식   ② 이해   ③ 적용   ④ 분석

05 교과서를 읽을 때 질문하며 읽기 요령을 어떻게 실천할 것인지 써봅시다.

국사, 사회, 과학 등의 교과서에서 소제목을 질문 형식으로 붙인 경우가 많습니다. 질문 은 생각하는 힘을 키워주는 마력이 있답니다. 책을 읽을 때에도 내용을 더 깊고 넓게 이 해하는 데 도움이 된다는 사실을 의식하고 실천해 봅시다.

STEP 1

교과서에 따온 아래 내용을 읽고 물음에 답해 봅시다.

유교 : 인격 수양과 인륜의 중시 유교는 불교와 더불어 삼국 시대 우리 나라에 전래되어, 고려를 거쳐 조선 시대에 이

르기까지 2천여 년 동안 조상들의 생활에 큰 영향을 주었다.

유교에서는 끊임없는 자기 노력과 수양을 통하여 욕심을 없 애려는 수기(修己)와 그것이 더 넓은 의미로 확대되어 다른 사람을 도덕적으로 가르쳐야 하는 치인(治人)이 있어야만 성 인(聖人)의 경지에 도달할 수 있다고 하였다.

또한 '수신제가치국평천하(修身齊家治國平天下)'라고 하 여, 사람은 자신을 올바르게 수양하면 가정을 잘 이끌 수 있 고, 가정을 잘 이끌어 갈 수 있으면 나라를 바르게 다스릴 수 있으며, 나아가 세상을 평화롭게 만들 수 있다고 하였다. 결 국, 자신의 몸과 마음을 올바르게 닦아 인간의 착한 본성을 깨 닫는 일이 모든 것의 바탕이 된다고 본 것이다.

《도덕2》 21쪽

Q1. 글을 읽기 전에 하면 좋은 질문을 하나 만드세요.

Q2. 글을 읽고 나서 하면 좋을 질문을 하나 만드세요.

Q3. 이 글의 주제를 파악하는 데 도움이 되는 질문을 만드세요.

Q4. 겉에 드러난 사실을 알기 위한 질문을 하나 만드세요.

Q5. 숨어 있는 사실을 알기 위한 질문을 하나 만드세요.

STEP 2

교과서 글을 읽을 때, 질문하면서 읽는 기술은 영어 과목 공부를 할 때에도 아주 유용합니다. 아래 글은 중학 2학년 영어의 한 내용입니다.

《영어 2》 14쪽 천재교육

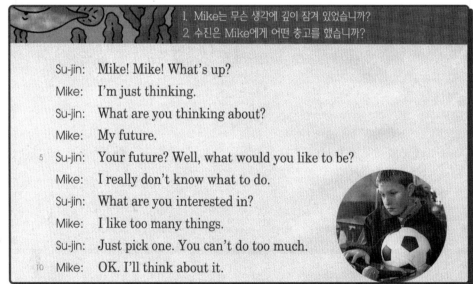

1. Mike는 무슨 생각에 깊이 잠겨 있었습니까?
2. 수진은 Mike에게 어떤 충고를 했습니까?

Su-jin: Mike! Mike! What's up?
Mike: I'm just thinking.
Su-jin: What are you thinking about?
Mike: My future.
5 Su-jin: Your future? Well, what would you like to be?
Mike: I really don't know what to do.
Su-jin: What are you interested in?
Mike: I like too many things.
Su-jin: Just pick one. You can't do too much.
10 Mike: OK. I'll think about it.

Q1. 본문 위에 있는 질문을 손으로 가리고서 본문을 읽어보세요. 그런 다음 손을 떼고 질문을 꼼꼼히 읽고서 본문을 읽어보세요. 어떤 차이가 있는지 써보세요.

Q2. 본문 위에 있는 두 개의 질문에 대한 답이 되는 문장을 찾아보세요.

질문히며 읽는 처방전이라 부르는 Q-A-I-A양식(지은이가 개주한)기억하지요? 교과서를 읽을 때 이 양식을 실천해 보고 내용을 적어 보세요.

질문 (Question)	답 (Answer)	문제 (Item)	분석 (Analysis)

배경 지식을 생각하며 읽자

얼마 전 남대문이 불타 재가 되어버린 사건이 있었습니다. 남대문은 서울에 남아 있는 목조 건물 중 가장 오래된 것이랍니다. 조선 전기의 건축 양식을 볼 수 있고, '숭례문'이라는 현판은 양녕대군이 썼다고 해요. 조상들의 숨결이 그대로 숨쉬고 있는 문화재였던 거죠. 이렇게 배경 지식을 알고 나니 단순히 '국보1호'라고 생각했을 때보다 더 안타깝게 느껴집니다.

불국사, 제대로 알려면

중학생이면 책을 통해서든 실제 관람을 통해서든 불국사에 대해 어느 정도 알고 있겠죠? 지은이도 불국사가 어느 시대에 만들어졌고 어떻게 생겼는지 대략은 알고 있지만 자세하게 알지는 못합니다. 그저 빙 둘러보고서 더 이상 알려고 하지 않아 그렇겠죠. 혹시 여러분도 그런 경험이 있나요? 그럼, 불국사 여행을 이렇게 해보면 어떨까요?

먼저, 여행 수첩에다 불국사에 대해 이미 알고 있는 사실을 써봅시다. 그런 다음 이번 여행에서는 무엇을 알고 싶은지 기록하고 떠납니다. 이렇게 마음의 준비를 하고 출발하면, 그냥 둘러보는 것으로 그치지는 않겠죠. 불국사 구경을 다 마치고 나서는 무엇을 해야 할까요? 불국사에 대해 전에는 알지 못했지만 이번 여행을 통해 새로 알게 된 내용을 기록하는 거지요.

체험 학습이나 졸업 여행 때 불국사를 가면 이 방법을 꼭 실천해 보세요.

교과서 보기

중학교《국어 2-1》둘째 단원(어떻게 읽을까)은, 교과서에 실린 글을 능동적으로 읽는 세 가지 방법을 소개하고 있습니다. 다음(뒷장)의 내용은, 그 중 소단원 '개미와 말한다' 를 읽고, 정리한 내용을 옮긴 것입니다.

① 이미 알고 있던 내용, ② 새로 알게 된 내용, ③ 더 알고 싶은 내용을 파악하는 각각의 활동은 읽기 과정 중 어느 단계에서 하는 것이 가장 좋을까요? 생각해 봅시다.

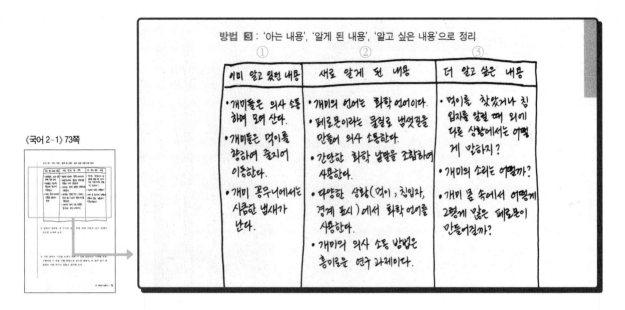

《국어 2-1》 73쪽

8장에서는 교과서 본문을 읽기 전에 이미 알고 있는 사실과 알고 싶은 것을 떠올려 적고, 본문을 읽은 다음에는 배운 내용이나 더 알고 싶은 내용을 기록하는 읽기 기술을 공부해 봅시다.

왜, 중요할까?

글을 읽고 제대로 이해하려면, 읽는 단계마다 적용해야 할 기술이나 전략이 있다는 것을 3장에서 이미 공부했습니다. 이 장에서 공부할 K-W-L 읽기 기술도 그 중 하나이지만 앞에서 공부한 것과는 약간 차이가 있습니다.

읽기도 사전준비가 있으면 든든

K-W-L 읽기 기술을 정리하자면 분문을 읽기 전에 글의 주제에 대해 이미

알고 있는 내용, 즉 배경 지식을 떠올리고 읽기 목표를 정해 읽은 후 새롭게 알게 된 내용을 기록하는 것입니다. 앞에서 은아와 지훈이는 물론이고 많은 사람들이 노트 쓰기에 대해 어려움을 얘기했는데요, 이 방법은 노트필기까지 하는 효과를 얻을 수 있답니다. 특히 읽기 전에 배경 지식을 떠올려 기록하는 습관을 자연스럽게 기르게 됩니다.

K-W-L은, "What I know" - "What I want to know" - "What I Learned"에서 핵심 단어의 첫 철자를 따서 만든 합성어입니다. 글을 읽기 전에 읽을 거리에 대해 "내가 이미 알고 있는 내용은 무엇이지?"(K), "내가 알고 싶은 것은 무엇이지?"(W)를 생각한 후에 글을 읽고, 글을 읽은 다음에는 "새로 알게 된 내용은 무엇인지"(L)를 생각해 이들을 서로 연결하여 정리하는 틀을 말합니다. 그런데 교과서를 읽을 때 배경 지식을 떠올리면서 읽는 것이 왜 중요할까요? 무엇보다도 학년별로 교과서를 배우는 과정이 그렇기 때문이죠. 사회 교과서를 예로 들어봅시다.

1학년 때 세계의 역사와 문화, 산업을 배우는 과정 중에 '문화가 다양한 동남 및 남부아시아'에 대해 배웁니다. 여기서 무엇을 배우나요?

지훈 : 인도를 포함해서 동남아시아의 여러 나라들이 유럽의 어떤 나라들에게 지배를 받았는지를 배웠어요.

은아 : 그러니까 인도를 포함해서 근처 나라인 파키스탄, 네팔, 방글라데시, 스리랑카는 영국이 지배했고, 라오스, 베트남, 캄보디아는 프랑스, 그리고 인도네시아와 싱가포르는 네덜란드가 지배했죠.

잘 알고 있네요. 그런데 2학년이 되면 '아시아의 사회의 변화와 근대적 성장'이라는 단원을 배워요. 그리고 소단원 중에 '인도와 동남아시아의 근대화 운동'이 있습니다. 바로 이겁니다. 2학년 때 이 내용을 공부하려면 1학년 때 공부한 내용들이 배경 지식이 되어야 이해가 잘 되지 않겠어요?

K-W-L 읽기 기술은 이처럼 교과서를 능동적으로 읽고 체계적으로 이해하는 능력을 길러주는 방법입니다. 설명문이나 개념, 사실, 원리에 관한 지식이 담긴 사회, 과학, 도덕, 기술·가정 등의 과목에 적용하면 좋습니다. 그렇다고 이야기 글이 많이 실린 국어나 영어 과목에는 적용할 수 없다는 말은 아닙니다. 이야기 글이나 음악, 미술 등 예체능 과목을 읽을 때에도 두루 적용할 수 있는 읽기 기술이니 각 과목마다 잘 활용해 보세요.

K-W-L 읽기 기술을 사용하면

1 이미 알고 있는 배경 지식을 떠올린 후 글을 읽으면, 그것이 바탕이 되어 새롭거나 알지 못했던 내용도 더 쉽게 이해할 수 있다.

2 알고 싶은 내용이 무엇인지 정하고 읽으면, 초점이 분명해져 중요한 부분에 더 주의를 기울여 읽을 수 있다.

3 읽은 후에 새로 알게 된 내용을 적게 되면, 자연스럽게 노트 필기가 된다.

4 이미 알고 있던 내용과 새롭게 안 내용을 하나로 묶어 요약, 정리하면 암기가 더 잘되고 시험 때 시간을 절약할 수 있다.

원리, 잡아보자

글을 읽을 때 배경 지식을 잘 이용하기 위해 앞서 배운 읽기 기술을 유용하게 써먹을 수 있습니다. 먼저 차트를 만드는 법부터 살펴보도록 하죠.

1. 차트 만들기

우선, 아래 차트 상단에 읽을거리의 제목이나 단원명을 씁니다. 노트 말고 종이를 사용할 때는 가로 용지로 활용하면 좋습니다. 그 다음, 차트의 왼쪽부터 각 요소를 순서대로 적습니다. 읽기 전에 K칸(이미 알고 있는 내용)과 W칸(이 글을 읽고 알고 싶은 것)을 적고, 글을 다 읽고 나서는 L칸에 글을 읽고 새로 알게 된 내용이 무엇인지 정리하면 됩니다.

K-W-L 읽기 차트   단원명(또는 제목):

K 무엇을 알고 있나?	W 무엇을 알고 싶은가?	L 새로 알게된 내용은 무엇인가?

그런데 눈치 빠른 친구들은 이 형식이 '교과서 보기'에 옮긴 예시와는 다르다는 것을 느꼈을 거예요. ① K(이미 알고 있는 내용), ② L(새로 알게 된 내용), ③ S(더 알고 싶은 내용-Still What to know)의 순서로 짜여 있잖아요. K-W-L 읽기 기술을 약간 변형한 것입니다. 어떤 형식을 써도 괜찮고, 두 가지를 섞어 K-W-L-S 차트로 만들어 활용해도 좋습니다.

2. 절차와 요령

K-W-L 읽기 차트를 활용하여 교과서를 읽는 순서와 요령을 알아볼까요?

K-W-L 읽기 기술은 이렇게

1. 글을 읽기 전에 K-W-L 차트를 준비한다. 읽을 내용에 따라 다르지만, A4×1매 분량이면 적당하다.

2. 읽기 전에 읽을거리에 대해 이미 알고 있는 '모든 것'을 떠올려 'K'란에 적는다. 어떤 것이든 마음껏 적어본다.

3. 읽기 전에 알고 싶은 것을 'W'란에 모두 적는다. 소제목이나 문단별로 기록하면 더 좋다.

4. 글을 읽는 중에 새롭게 알게 된 개념, 사실 등을 다른 종이에 간단히 메모한다.

5. 새로 알게 된 내용을 'L'란에 옮겨 적는다. 같은 항목에 속하는 내용끼리 묶어 정리하면 암기가 더 잘 된다.

6. 'L'란을 기록한 후에, 새로 안 내용을 토대로 '알고 싶은 것'을 'W'란에 추가해도 좋다.

7. 'L'란 옆에 한 칸을 추가하여 '더 알고 싶은 내용'(S-Still What to know)을 적으면 읽은 단원을 더 깊게 공부하고 싶은 욕심도 생긴다.

이제 K-W-L 읽기 기술을 적용해서 교과서를 읽는 원리를 이해할 수 있겠지요? 앞에서 이 읽기 기술을 활용하면 노트 필기가 저절로 된다고 말한 것, 기억하지요?

K-W-L 차트를 활용하여 노트필기를 잘 하려면

1. 노트 면을 세로로 나누면 L칸에 '새로 알게 된 내용'을 다 적기에 공간이 부족할 수 있다. 이럴 때는 노트를 가로로 나누어 사용한다.

2. K-W란은 예습 활동으로 하고, L란은 수업 시간 또는 수업 직후에 하면 좋다. 노트를 최대한 활용하니 시간도 공간도 절약된다.

3. S(더 알고 싶은 내용)란을 맨 밑에 만들고 복습할 때 채우면 심화 학습이 가능하다. 복습할 때 채우면 남들이 놓치기 쉬운 부분까지 공부할 수 있다.

K-W-L 읽기로 공부습관을 들이면 이것이 시험에서 높은 점수를 올리는 결정적인 요소가 된답니다. 이제 한 친구의 실천 내용을 볼까요?

국사 교과서에 있는 내용으로 작성한 것이니 단원명만 보고 스스로 K-W를 해본 다음 실천한 내용을 보면 더 좋겠지요?

단원명 : 3.2 인도와 동남아시아의 근대화운동 1. 인도의 민족운동

K 무엇을 알고 있나?	W 무엇을 알고 싶은가?	L 새로 알게된 내용은 무엇인가?
• 동남아시아 나라 • 영국은 인도 지배 • 플랜테이션 농업	• 영국은 어떻게 인도를 지배했나?	• 인도의 종교 분쟁과 지방 세력의 다툼 → 영국이 프랑스와의 플라시 전쟁에서 승리 → 인도 진출권 독점(지방 세력과 결탁) → 동인도회사 설립 : 면화 재배와 면제품 생산, 수출 ※ 인도는 영국의 원료 공급지와 상품 시장
	• 인도는 어떻게 민족 운동을 했나?	• 세포이의 항쟁(영국군 진압) → 영국 왕이 인도 제국의 황제를 겸하자 지식인과 종교 지도자 반영운동+근대화 운동 → 영국이 인도 국민회의 조직 → 벵골 분할령 발표 → 국민회의가 반영 운동 중심 ※국민회의파가 스와데시(국산품 애용), 스와라지(인도인의 자치) 결의, 전국 저항운동

3. 어휘 공부에 좋은 W-I-K

K-W-L 읽기 기술과 비슷하지만, 약간 다른 W-I-K(What I Know) 읽기

기술을 소개할게요. K-W-L 을 사용해서 읽어도 분명히 이해하지 못하는 내용이 생기겠죠? 이 때 그 내용을 추가해서 적는 방법입니다. 이 방법을 쓰면 글을 왜 읽어야 하는지, 읽은 후에 모르는 부분이 확실히 해결되었는지 확실히 확인할 수 있답니다. 특히 교과서에 실린 주요 개념이나 어휘들은 공부할 때 써먹으면 좋으니 다음을 잘 기억해 두세요.

W-I-K 읽기 기술은 이렇게

1. 글을 읽기 전에 W-I-K 차트를 준비한다.

2. 읽기 전에 (읽을 내용을 대략 훑어보고)이미 알고 있는 개념이나 어휘를 'W' 칸에 적는다.

3. 글을 읽는 목적을 정하여 맨 아래 칸에 적는다.

4. 글을 읽으면서 새로 알게 된 개념, 사실, 내용을 'I' 칸에 적는다.

5. 글을 읽으면서 잘 이해되지 않는 개념이나 의문나는 내용을 'K' 칸에 적는다. 그 내용은 나중에 꼭 다시 공부한다.

6. 앞 절차를 다 마치면 맨 아래 칸에 적어 놓은 읽기 목적(물음)과 관련된 새로운 정보를 종합한다.

다음 페이지에 W-I-K 방식을 실천한 내용을 소개합니다. 그 요소와 내용을 잘 살펴보면, 스스로 실천할 때 많은 도움이 되겠죠?

역시 실천한 내용을 보기 전에, 여러분 스스로 W란과 함께 글을 읽는 목적을 다른 종이에 한번 써보세요.

개념 파악하기

기초적인 어휘나 개념은 교과서의 글을 이루는 뼈대라는 것을 우리 2장에서 공부했죠? 하지만 이것들을 이해하는데 어려움을 겪는 친구들이 많더군요. W-I-K 절차를 따르면, 교과서에 나온 핵심 개념을 확실하게 파악하는 데 도움이 됩니다.

W-I-K 읽기 기술 틀과 실천한 보기

W 알고 있는 개념은?	I 읽고서 안 내용은?	K 읽고도 모르는 것은?
감각 기관의 종류 • 감각의 뜻 • 자극의 뜻	눈의 구조와 기능 • 눈—사진기 • 홍채—빛의 조절 　(조리개)	• 사람이 시력을 　잃었을 경우는 어떨까?

글을 읽는 목적과 답

• 사람의 몸의 감각과 그 기관의 역할—감각기관 중 눈의 구조와 기능을 알았고, 한 기관이 제대로 작동하지 않았을 때 다른 기관들이 더욱 발달할 수 있다는 것도 알았다.

어떤가요? 정말 이 방법대로 해보면 노트필기나 어휘 공부가 많이 달라지는 걸 느낄 거에요.

지훈 : 일단 교과서를 읽으면서 이미 알고 있는 내용, 새로 알게 된 내용, 더 알고 싶은 내용을 적으면서 읽으니까 생각 정리도 훨씬 잘 될 것 같아요.

은아 : 글을 읽고 이해가 안 되는 부분도 적어 보면서 더 확인하게 될 거고요.

지훈 : 이런 정리법은 글뿐만 아니라 영어 단어나 한문, 국어의 개념이나 어휘 노트를 만들 때도 무척 유용하겠는데요.

은아 : 맞아요. 자기만의 단어장을 만들면 고등학교에 가서도 쓸 수 있는 비법노트 하나를 만들게 되는 거니까 무척 든든하겠죠?

01

K-W-L 읽기 기술의 요소를 설명한 것으로 각각 맞으면 ○, 틀리면 ×에 표시하세요.

1. K 이 주제에 대해 이미 알고 있는 것은 무엇인가? (○, ×)
2. W-읽고서, 무엇을 알고 싶은가? (○, ×)
3. L-앞으로 무엇을 더 알고 싶은가? (○, ×)

02

교과서를 읽을 때 K-W-L 읽기 기술을 활용하면 좋은 이유를 써봅시다.
　①
　②
　③

03

W-I-K 읽기 기술은 K-W-L과 비슷한 체계로 된 것이지만, 어휘나 개념 학습에 활용하기에 좋은 방법이다. (예, 아니오)

04

K-W-L차트로 노트 필기를 할 때, 예습활동으로 하면 좋은 것은?

05

이 장에서 공부한 읽기 기술을 어떻게 활용할 것인지 생각해 보세요.

밑그림을 먼저 그려야 그림을 잘 그릴 수 있고, 야구 경기도 규칙을 알고 보아야 재미있 잖아요? 마찬가지로 교과서도 읽을 단원에 대해 이미 알고 있는 것을 떠올리고 읽으면 그것이 토대가 되어 더 쉽고, 깊게 내용 파악이 되겠지요.

STEP 1

어떤 교과서든지 한 단원을 정해 K-W-L 기법으로 읽어봅시다. 중학생이 잘 알고 있는 신라의 삼국통일(국사, 56~63쪽)을 소재로 함께 실천해 볼까요? 읽기의 흐름에 따라 각 란을 채워봅시다.

K 무엇을 알고 있나?	W 무엇을 알고 싶은가?	L 새로 알게된 내용은 무엇인가?

K-W-L에 S(더 알고 싶은 내용-Still What to know)을 추가한 양식을 만들어 사용해 봐도 좋겠죠?

배경 지식을 활용하여 읽는 기술은 어휘나 개념 학습을 할 때에도 활용할 수가 있습니다. 아래 W-I-K(What I Know) 읽기 양식을 과학 공부할 때에 한번 활용해 보세요. 초등학교부터 어느 정도 알고 있는 소화 현상을 소재로 함께 해볼까요? (어느 출판사의 교과서든) 과학 1학년 Ⅷ. 소화와 순환 중 1. 소화에 대해서만 실천해 보세요.

W 알고 있는 개념은?	I 읽고서 안 내용은?	K 읽고도 모르는 것은?

글을 읽는 목적과 답

여행을 좋아하나요? 여행지를 정해서 어디론가 떠나는 그 설렘은 아마 누구나 좋아하지 않을까요? 그런데 여행지에서 무엇을 볼 것인지, 어디에 무엇이 있는지 파악을 하고 가야 헤매지 않을 거에요.

비엔나에 가면 박물관도 있고, 궁전도 있고

지은이는 어느 여름방학 때, 가족과 비엔나 여행 계획을 세우고 있었습니다. 아내는 신나서 여행 계획을 짜는데 유명한 박물관과 미술관, 모차르트의 생가, 루이 16세의 아내가 된 마리 앙트와네트가 살던 궁전이 있는 오래된 도시 비엔나에 대해서도 자세하게 말하더군요. 그렇지만 아내가 가보겠다는 명소들이 위치한 곳과 도시 전체의 풍경을 얼

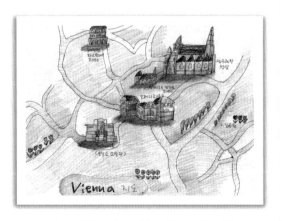

른 떠올릴 수 없었습니다. 비엔나에 대해 잘 알지 못했기 때문이죠. 그래서 말로 설명하지 말고, 가보려는 곳의 위치를 그려보라고 말했습니다.

아내가 여행하려는 장소를 서로 연결하여 한눈에 보기 좋게 그려보이자 비엔나가 한눈에 보이는 듯했습니다.

교과서 보기

비엔나의 명소가 위치한 구조를 파악하면 이해하기 좋은 것처럼, 이야기 글도 그 흐름을 구조적으로 파악하면 더 쉽게 이해할 수 있답니다.

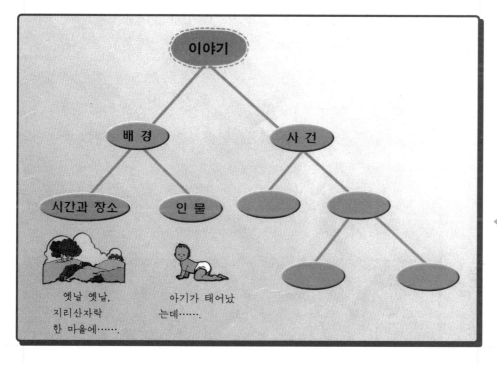

〈국어2-2〉 2단원 첫 쪽

왜, 중요할까?

교과서에 실린 대부분의 글이 그런 것처럼, 이야기에도 내용과 구조가 있습니다. 그러니까 특히 이야기 형식의 글을 읽으면서 내용과 구조를 잘 파악하면 국사나 세계사 등 줄거리가 있는 교과를 공부할 때 다른 친구들보다 훨씬 빨리 이해할 수 있겠죠?.

원인과 결과의 관계를 알기 위해서

여러분은 '이야기' 하면 무엇이 떠오르나요?

은아 : 어릴 적 할아버지 할머니께서 들려주신 옛날이야기가 먼저 떠올라요.
지훈 : 국어의 〈문학〉부분에 나오는 소설이나 신화, 전설들도 생각나요.

그런데 이런 이야기들은 주인공이 어떤 시간적 · 공간적 배경 속에서 문제에 부닥치거나 갈등을 겪게 되고, 그것들을 해결해나가는 일정한 흐름이 있습니다. 이것을 이야기의 구조라고 합니다.

중학 《국어 2-2》에서는 이야기의 구조를 학습하는 단원을 두고 있는데, "이야기란 인물이 시간의 흐름과 공간의 이동에 따라서 개인 또는 사회와 맞서 갈등을 해결하는 구조로 짜여 있다."(교과서 53쪽)고 밝히고 있습니다. 주인공이 어떤 목표를 향해 나갈 때 문제나 장애물이 생기고, 그것을 해결하는 순서로 이야기가 이어진다는 거지요.

잊지 말자! 이야기의 구조를 파악하는 능력을 기르면, 어떤 현상의 원인과 결과의 관계, 문제를 인식하고 그 해결 방안을 찾아내는 능력이 길러진다.

중심 생각을 잘 찾기 위해서

이 책에서 줄곧 강조하는 것이 글을 읽고 주제와 중심 생각을 찾는 능력입니다. 5장('중심 생각을 파악하며 읽자')에서 중점적으로 얘기했죠. 교과서를 읽을 때 '왜 읽는지'를 먼저 생각하고 (마치 단서를 찾듯) 주제를 끄집어낼 단서를 찾는 것을 말합니다. 사실 이것이 교과서 공부의 핵심이잖아요? 모든 읽기 기술을 연습하고 실천하는 목적도 여기에 있는 것입니다.

이야기 글은 글쓴이가 전하고자 하는 의도나 목표가 있고, 하나 또는 여러 개의 에피소드(일화, 逸話)로 이루어져 있습니다.

은아 : 그럼 글쓴이의 의도는 바로 글의 중심 생각이나 주제가 되겠네요.
지훈 : 그리고 그것을 전달하기 위해 뒷받침해 주는 에피소드가 세부정보
　　　가 되는 건가요?

맞습니다. 초등학교 때 이야기 글을 읽고 주제나 중심 생각을 파악하는 연습을 했던 기억을 되살려볼까요? 4학년 1학기《읽기》셋째 마당의 학습 목표는 "이야기를 읽고, 주제를 파악할 수 있다"인데, 이야기의 주제를 찾는 방법을 자세하게 설명하고 있습니다.

먼저, 주제란 무엇인가요? 글쓴이가 읽는 이에게 말하고자 하는 중심 생각

읽는 기술을 기르자
이야기 글을 읽는 기술을
잘 훈련하면 다른 과목,
심지어 수학에서도 중심
생각과 세부 정보를 파악
하는 능력이 저절로 길러
진답니다.

을 말합니다. 주제는 글의 제목이나 글감과 내용을 서로 관련지어 생각해 봐야 알 수 있습니다.

'제목'은 가장 중심이 되는 글감이나 글 전체의 내용을 바탕으로 하여 붙인 이름입니다. 물론 이렇게 붙인 제목이 곧 그 글의 주제가 되기도 합니다. 그렇지만 글의 주제는 보통 제목보다는 큰 개념이에요. 글의 제목, 글감, 내용을 서로 관련지어 생각해 보아야 글의 주제를 알 수 있답니다.

어때요? 초등학교 고학년이 되면서부터 이야기 글을 읽고 주제를 파악하는 기술을 익혀온 셈인데, 중학교에 와서도 마찬가지죠?

나만의 개성 있는 읽기를 위해

배경 지식을 갖고 읽는 경우와 그렇지 못한 경우 내용을 이해하는 수준이 무척이나 다릅니다. 8장에서 배웠죠? 글을 읽기 전에 이미 알고 있는 배경 지식을 생각해 보고, 이를 읽을 내용과 관련시켜 보는 것은 독해력을 높이는 좋은 비결입니다.

이런 점에서 이야기 글은 교과서 읽기 기술을 배우는 기초가 됩니다. 읽기 전에 자신의 경험이나 배경 지식을 떠올린 후에 글을 읽는 습관을 강조하는 글이기 때문이죠. 글을 읽을 때 배경 지식을 떠올리면 읽을 내용을 보다 친숙하게 받아들일 수 있고, 내가 이미 갖고 있는 지식과 새로 알게 된 지식을 조직해서 '보다 큰 지식의 덩어리'로 만드는 데 도움이 됩니다. 어휘만 눈덩이 원리를 적용할 수 있는 게 아니거든요.(2장 참고) 지식도 눈덩이 굴리듯 크게 굴릴 수 있으니까요. 또 이것은 3장에서 공부한 K-W-L읽기 기술에서도 충분히 증명되기도 하고요.

배경 지식을 떠올려 읽는 습관은 창의적인 나만의 독서를 하는 데에도 도움이 됩니다. 다른 친구들과 똑같은 글읽기를 하고 싶나요? 요즘 친구들은 나만의 개성을 중요하게 생각합니다. 그리고 교과서 하나를 읽는데도 다른 친구와는 다른 나만의 읽기를 할 수 있답니다. 글을 읽으면서 글 속에 있는 의미를 정확하게 이해하는 것도 중요하지만, 한 걸음 더 나아가 자신의 생각과 경험에 비추어 글의 의미를 새롭게 만들어내는 능력은 더 중요하지요. 스스로 의미를 구성하고 창조하는 능력과 비판적으로 생각하는 능력, 이렇게 내 개성을 잘 살리다보면 그것이 곧 공부를 잘 하는 비결이 되겠죠?

원리, 잡아보자

여러분도 잘 아는 드라마 대장금을 생각해 볼까요? 장금이가 최고의 어의가 되기 위해 얼마나 많은 어려움을 겪나요. 하지만 그 어려움들을 하나하나 이겨 나가면서 이야기는 계속 이어지는 것이죠.

1. 소설의 단계

소설은 가장 대표적인 이야기 글이니 먼저 살펴볼까요? 초등학교 때부터 공부한 것을 다시 짚어 봅시다.

소설의 3요소는 ① 인물, ② 사건, ③ 배경입니다. 소설의 단계는 ① 발단 → ② 전개 → ③ 위기 → ④ 절정 → ⑤ 결말로 이어지는 것을 말하지요. 그럼 소설의 5단계 구조를 자세히 알아볼까요.

1. 발단–인물과 배경이 제시되고, 사건의 실마리가 제공되는 이야기의 도입 단계

2. 전개–사건이 구체적으로 전개되고, 인물 간의 갈등이 본격적으로 시작되는 단계

3. 위기–사건이 반전(전환)을 이루며, 새로운 사건이 생겨 갈등이 깊어지

고 긴장감이 조성되는 단계

　4. 절정-사건의 갈등이 최고조에 이르고 극적인 변화가 일어나 결말의 계기가 마련되는 단계

　5. 결말-모든 사건이 끝나고 갈등이 해소되며, 주인공의 운명이 결정되면서 이야기가 마무리되는 단계

　중학교 국어 '문학' 영역에는 소설이 많이 등장합니다. 그 중 1학년 2학기의 둘째 단원(문학의 즐거움)에 나온 '소나기'를 소재로 이야기의 5단계를 적용해 볼까요?

발단	소년과 소녀의 만남	• 소녀가 조약돌을 던지고 달아남. • 소년이 조약돌을 집어 주머니에 넣음.
	《국어1-2》 pp. 49:3~50:19	
전개	소년과 소녀의 사귐	• 산에서 즐거운 시간을 보냄. • 소녀의 상처를 소년이 정성껏 치료해 줌.
	pp. 50:20~56:6	
위기	소나기를 만난 소년과 소녀	• 수숫단 속에서 비를 피함. • 소녀를 업고 도랑을 건넘.
	pp. 56:7~58:9	
절정	소녀와 헤어지게 됨	• 소녀가 이사를 간다고 말함. • 소년은 소녀에게 주기 위해 몰래 호두를 땀.
	pp. 58:10~61:8	
결말	소녀의 죽음과 유언	• 소년은 소녀와의 이별을 안타까워함. • 소년은 소녀가 유언을 남기고 죽었다는 소식을 들음.
	pp. 61:9~62:끝	

2. 이야기는 문제 해결 과정

앞서 본대로 이야기는 일정한 '목표를 갖고 문제나 갈등을 해결하는 과정'을 몇 개의 에피소드(일화)로 구성한 것입니다. 즉, ① 문제나 갈등이 생기고, ② 해결책을 만들어 적용하고, ③ 그 결과를 알아보는 방식으로 짜여 있습니다. 《국어 2-2》의 '2. 이야기의 구조' 중 '(2) 현명한 아내, 만카'를 읽고 그 구조를 파악하도록 한 내용(73~74쪽)을 살펴보면 이야기의 구조를 이해하는 데 더 도움이 되겠죠? 아래의 인쇄한 부분은 책 내용을 그대로 옮긴 것이고, 옆 페이지의 글은 학생이 직접 실천한 것입니다.

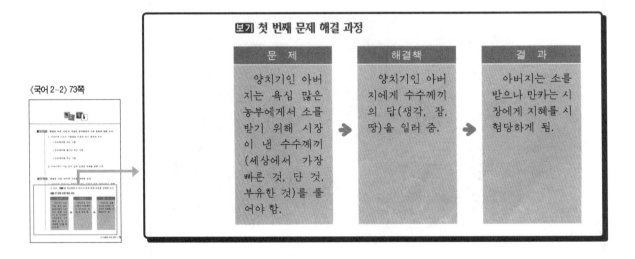

《국어 2-2》 73쪽

보기 첫 번째 문제 해결 과정

문 제	해결책	결 과
양치기인 아버지는 욕심 많은 농부에게서 소를 받기 위해 시장이 낸 수수께끼 (세상에서 가장 빠른 것, 단 것, 부유한 것)를 풀어야 함.	양치기인 아버지에게 수수께끼의 답(생각, 잠, 땅)을 일러 줌.	아버지는 소를 받으나 만카는 시장에게 지혜를 시험당하게 됨.

이야기를 읽을 때에는 세 가지 질문을 하면서 읽는 것이 필요합니다.

먼저 주인공(인물)에게 '무엇이 문제인가?' '해결책은 무엇인가?' '결과는 어떻게 되었나?' 를 생각하면서 정리해 봅니다.

나머지 문제 해결 과정

문 제
(1) 두 번째 문제─달걀 10개를 이튿날까지 부화시켜 가져오라는 것
(2) 세 번째 문제─나귀 새끼를 찾아 달라는 농부의 소원
(3) 네 번째 문제─남편으로부터 쫓겨나게 된 일

해결책
(1) 시장이 낸 문제가 무리한 것임을 깨우쳐 줌.
(2) 시장의 판단('마차가 새끼를 낳았다'는 것과 '맨땅에서 고기잡는 것이 모두 말이 안된다'는 것)이 어리석었음을 깨우쳐 줌.
(3) 자신이 시장을 사랑해서 그런 행동(시장을 취하게 하고 집으로 데려가가장 좋은 것을 가져왔다고 말함)을 했다고 깨우쳐 줌.

결 과
(1) 시장은 지혜로운 만카를 불러들이고 둘은 결혼함.
(2) 농부의 문제는 해결되나, 만카는 시장의 말을 어겨 쫓겨남.
(3) 만카는 다시 시장의 지혜로운 아내가 됨.

《국어2-2》74쪽

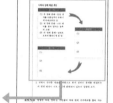

이런 식으로 이야기를 읽으면, 수업 시간에 토론을 한다거나 글을 쓸 때에 보다 분석적이고 비판적이 될 수 있지 않겠어요? 그런데 소설이든 다른 이야기든 학년을 올라가거나 고등학교에 진학하면 그 구조가 보다 복잡해지고, 문제가 하나가 아닌 여러 개가 얽히는 방식으로 전개되는 경우가 많습니다. 그러니까 지금 이 책과 함께 복잡한 이야기의 구조를 알고 적용하는 실력을 미리미리 닦아놓으면 고등학교에 들어가 위력을 발휘하겠죠?

그럼 누구나 잘 알고 있는, '흥부와 놀부' 이야기를 대입해서 보다 복잡하게 전개되는 이야기의 요소를 알아봅시다.

1. 배경-이야기가 발생하는 시간, 장소, 주인공이나 인물.

옛날 어느 마을에 두 형제가 살고 있었습니다. 형인 놀부는 부자였지만 욕심쟁이였고, 동생인 흥부는 가난하였지만 마음씨는 아주 착했답니다.

2. 발단사건-주인공의 내적인 반응을 일으키거나 행동을 시작하게 하는 사건이나 상황.

어느 봄날 흥부네 처마 밑에 살던 제비 새끼가 구렁이의 공격을 받아 다 죽고, 한 마리만 둥지에서 떨어져 살았지만 다리가 부러졌습니다.

3. 내적 반응-주인공이 발단사건으로 겪는 감정, 욕구, 목표.

흥부는 다리가 부러진 새끼 제비를 가엾게 여겼습니다.

4. 시도-주인공이 목표를 달성하기 위한 행동이나 해결책.

흥부는 제비 다리를 정성스럽게 싸매어 둥지에 넣어주었습니다.

5. 결과-시도의 성공이나 실패, 또는 사건이나 행동의 결과.

다음해 봄 제비가 박씨 하나를 흥부에게 물어다 주어 흥부는 박씨를 심었습니다. 나중에 다 큰 박을 탔더니 보물이 쏟아져 흥부는 부자가 되었습니다.

6. 반응-결과나 문제 해결에 대한 주인공이나 등장 인물의 정서나 감정을 표현한 것으로 이야기의 대단원을 마무리하는 것.

(형 놀부는 자기 잘못을 뉘우쳤고)동생 흥부는 형과 사이좋게 살았답니다.

지훈 : 엇! 그런데? 반응 부분이 좀 이상해요. 뭔가 빠진 것 같아요.

은아 : 흥부와 놀부 이야기에는 흥부가 착한 일을 해서 복 받는 장면을 본 놀부가 멀쩡한 제비 다리를 일부러 부러뜨려 벌을 받는 줄거리가 있

는데, 그건 어떻게 이해해야 하나요?

　좋은 지적이네요. 이야기의 구성 요소 중에 '2.발단사건' 에서 '5. 결과' 까지 하나로 묶어 에피소드라고 합니다. 어떤 이야기 글에서는 에피소드가 하나가 아닌 여러 개인 경우가 있습니다. 이 경우는 에피소드1, 에피소드2, 이런 식으로 이해하면 되죠. 에피소드가 두 개 이상이면 복잡하기는 해도, 기본 틀은 같습니다. 글의 주제를 제대로 이해하기 위해 이렇게 문제-해결 과정으로 된 이야기의 구조를 살펴보는 일은 중요하죠. 이것을 체계적으로 파악하는 틀을 이야기 문법(story grammar)이라고 합니다.

3. 이야기 처방전을 만들어 볼까

　아파서 병원에 가면 의사 선생님에게 처방전을 받죠? 처방전이란 내 병의 증세에 따라 어떤 약을 어떻게 먹어야 할 것인지 기록한 것이죠. 그리고 처방전을 들고 약국에 가면 약사는 이것을 보고 약을 지어 환자에게 주잖아요.

　이야기 글을 읽을 때 우리도 의사가 되어봅시다. 이야기 처방전을 만들어 활용하면 훨씬 이해가 잘 됩니다.

　이야기 처방전(story recipe)이란 이야기의 구조를 그리면서 글을 읽고, 요소별로 중요한 내용을 기록하도록 안내하는 틀입니다. 읽기 나침반이라고 할 수 있죠. 그럼 이야기 처방전을 만들어 활용하면 어떤 점이 좋을까요?

지훈 : 읽은 내용을 요약하거나 정리하는데 아주 도움이 될 것 같아요.

은아 : 이야기가 어떻게 흘러가는지, 배경이나 인물, 사건 등과 같은 이야기 요소들이 서로 어떤 관계인지 쉽게 알 수 있고 이것도 한 눈에 파악할 수 있으니까 이해가 더 잘 되지 않을까요?

이야기 처방전은 이야기가 복잡한 부분에 따라 만들면 됩니다. 국어 책을 보면 이야기 처방전을 만들 때 참고할 만한 예시 자료가 있습니다. 교과서에 나온 이야기 처방전을 참고해 볼까요? 인쇄된 부분은 교과서에 있는 내용이고, 연필로 쓴 부분은 학생이 실천한 내용입니다.

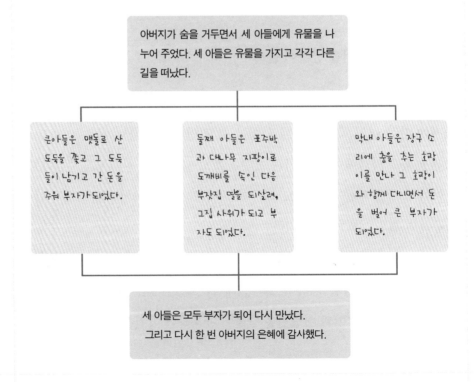

또 아래 내용을 볼까요? 이야기의 구성 요소와 흐름을 고려하여 이야기 처방전을 쓰도록 안내한 틀입니다. 이 양식을 미리 만들어 놓고 읽으면 좋겠죠? 이렇게 읽으면 이야기를 말로 전달할 때도 무척 효과적이랍니다.

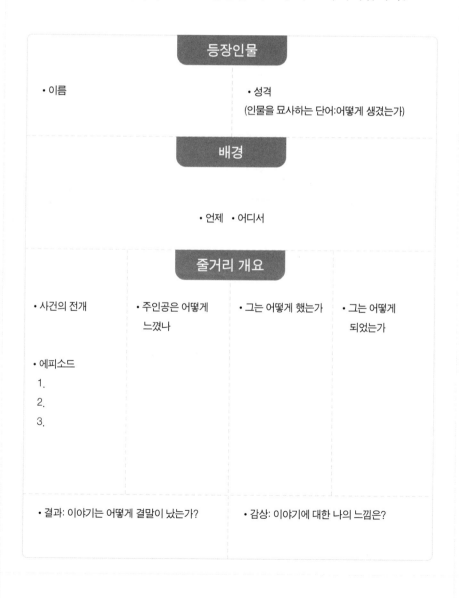

4. 질문을 만들면서 읽기

질문을 만들면서 읽는 기술은 7장에서 알아봤습니다. 배웠으니 한번 써먹어 볼까요? 이야기를 읽을 때도 시대적 배경이나 줄거리의 내용에 대해 스스로 의문을 가지거나 질문을 해보면서 읽으면 더 깊이 이해할 수 있습니다.

시대적 배경을 알려 주는 말	나의 질문	질문에 대한 답
• 통일벼, 유신벼	• 통일벼나 유신벼가 뭐지? 요즘에도 이런 것이 있나?	• 1970년대에 식량 생산을 늘리기 위해 개발한 벼의 품종이다. 밥맛이 좋지 않아 요즘은 거의 심지 않는다.
• 이산 가족 찾기	• 이산 가족이 생긴 이유는 무엇일까?	• 6.25전쟁을 겪고 남과 북이 갈라지면서 가족과 헤어지게 되고 왕래할 수 있는 기회가 없어서.

《국어 1-2》 232쪽

아래 기준에 맞춰 질문하면서 읽는 요령을 생각해 볼까요.

이야기 요소

1. 언제, 어디에서 일어난 일인가?(배경)

2. 등장인물은 누구이며, 어떤 사람인가?(인물의 성격)

3. 주인공에게 어떤 일이 생겼나?(문제나 장애)

4. 주인공은 문제를 해결하기 위해 어떻게 했나?(해결책)

5. 문제가 어떻게 해결되었나?(사건의 결말 또는 의미)

읽는 순서

1. 읽기 전 질문 : • 무엇에 대한 이야기인가?(화제)

　　　　　　　　• 이야기가 어떻게 전개될 것 같은가?

　　　　　　　　• 왜 이 이야기 글을 읽어야 하는가?(시험 또는 과제)

2. 읽는 중 질문 : • 지금 읽고 있는 이야기를 이해하고 있는가?

　　　　　　　　• 주인공은 누구이며, 어떤 사람인가?

　　　　　　　　• 배경은 무엇인가?(언제, 어디서)

　　　　　　　　• 어떤 사건이 일어나고 있나?

　　　　　　　　• 문제나 갈등은 무엇인가?

　　　　　　　　• 다음에는 어떤 내용이 이어질까?

3. 읽는 후 질문 : • 읽은 내용을 이해했는가?

　　　　　　　　• 어떤 결말이 났는가?

　　　　　　　　• 이 이야기의 주제, 교훈은 무엇인가?

사고 수준

1. 축어적 질문-주인공은 누구인가?

2. 추론적 질문-이야기의 중심 생각은 무엇인가?

3. 비판적 질문-갈등을 해결할 수 있는 다른 방법은 없었는가?

4. 감상적 질문—내가 주인공이라면 어떻게 하였을까?

잊지 말자! 특히 교과서 여백에 있는 질문을 그냥 넘기지 말고 이에 대한 답을 생각하면서 읽고 메모하자.

5. 줄거리를 마음껏 그려봐

교과서를 읽을 때 흐름을 놓치면 이해하기 어렵습니다. 이야기 글은 특히 그렇고요. 이야기 구조인 드라마를 계속 보다가 안 보거나 중간에 보면 무슨 내용인지 모르게 되는 것과 같죠. 이야기의 흐름을 놓치지 않으려면, 줄거리

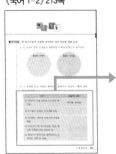

《국어 1-2》 213쪽

사건	동길이의 감정
① 아버지가 징용 갔다가 2년 만에 돌아옴.	반가움, 놀라움
② 친구들이 동길이 아버지를 놀림.	분노
③ 사친회비 때문에 아버지께 꾸중을 들음.	서글퍼짐
④ 아버지가 흰 종이수염을 달고 광고판 역할을 하는 모습을 봄.	놀라움, 슬픔
⑤ 동길이가 창식이를 때려눕히고, 아버지는 어쩔 줄 모름.	반발심, 분노

를 시각적으로 표현하면서 읽는 습관을 들이세요. 그러면 전체 내용을 일관되게 이해하고 외우기에 좋으니까요. 이야기를 시각적으로 표현하는 이야기 구조 (209쪽), 이야기 처방전(214쪽)에

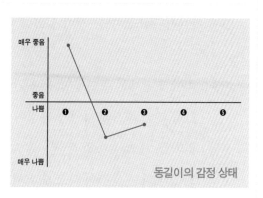

동길이의 감정 상태

〈국어1−2〉214쪽

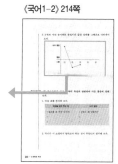

대해서는 이미 공부했습니다. 《국어 1−2》의 6. '문학과 독자'에 있는 '흰 종이수염'이라는 소설에서 주인공 동길이가 사건을 겪을 때마다 감정이 어떻게 변해 왔는지를 정리한 내용을 볼까요? 왼쪽처럼 표로 정리할 수도 있지만, 위에서처럼 감정 상태 그래프로 시각화하면, 주인공의 마음이 어떻게 변해 왔는지 그 흐름이 머리에 더 쉽게 들어오네요. 또, 아래처럼 이야기를 읽고 떠오른 중요한 개념을 그림으로 표현하는 방법도 있겠죠.

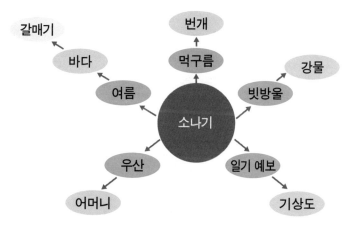

그림으로 표시한 내용

이제 이야기 구조를 아는 것이 얼마나 유용한지 느낄 수 있나요?

지훈 : 이야기 글에는 주인공이 장애물에 맞닥뜨리거나 갈등을 겪으면서 목
　　　표를 위해 해결해 나가는 과정이 있어요. 이것이 이야기의 흐름이죠.

은아 : 읽기를 하면서나 하기 전·후에 읽을 글에 대해 질문을 하면 그냥
　　　읽을 때와는 완전히 다르게 이해가 빨라지는 것 같아요.

지훈 : 특히 경험이나 배경 지식이 있으면 훨씬 친근하게 받아들일 수 있
　　　고, 저도 새로운 지식 하나를 더 얻게 되니까 좋아요.

은아 : 그리고 그건 다른 친구들 누구도 할 수 없는 나만의 독서법으로 만
　　　든 지식이겠네요.

지훈 : 읽기를 할 때 이야기 구조를 잘 이해하려면 글을 빨리 파악하고 한
　　　눈에 알아 볼 수 있게 적극적으로 질문을 던지거나 줄거리를 시각적
　　　으로 표현해 보는게 읽을 때도 훨씬 재밌을 것 같아요.

그렇죠? 교과서뿐만 아니라 만화책, 동화책, 소설을 읽을 때도 이야기 구
조를 잘 떠올리면서 읽으면 감동과 재미가 훨씬 더할 거에요.

01 소설의 3대 요소는 ① 인물, ② 사건, ③ (   )이다.

02 소설은 ① 발단 → ② 전개 → ③ 위기 → ④ 절정 → ⑤ 결말로 이어지는데, "사건이 반전 (전환)을 이루며, 새로운 사건이 생겨 갈등이 심화되고 긴장감이 조성되는 것"은 (   ) 이다.

03 이야기의 흐름을 명료하게 파악하기 쉽게 이야기의 구조를 그려 글을 읽고, 요소별로 중 요한 내용을 기록하도록 안내하는 틀을 (   )(이)라 한다.

04 다음과 같은 질문을 무엇이라 하는지 고르세요.
"내가 주인공이라면 나는 어떻게 하였을까?
　① 비판적 질문　② 축어적 질문　③ 감상적 질문　④ 추론적 질문

05 이야기 글의 구조를 파악하면서 읽으면 좋은 이유를 두 가지 이상 쓰세요.
　①
　②

이야기도 원인과 결과의 관계를 다루고 문제를 해결하는 과정을 묘사한 것이기 때문에, 이야기 글을 잘 읽는 기술을 연습하면 국어뿐만 아니라 사회나 과학 등의 교과를 공부하는 데에도 많은 도움이 됩니다.

STEP 1

《국어 2-2》 둘째 단원(이야기의 구조)에 외국(체코)의 민담 '현명한 아내, 만카'가 있지요? 이를 읽고, 이야기의 구조를 직접 만들어 봅시다.

발단		

《국어2-2》 pp.

전개		

pp.

위기		

pp.

절정		

pp.

결말		

pp.

STEP 1에서 연습한 '현명한 아내, 만카' 를 다시 읽으면서 이야기 서빙전을 만들어보세요.

등장인물

• 이름

• 성격
(인물을 묘사하는 단어:어떻게 생겼는가)

배경

• 언제 • 어디서

줄거리 개요

• 사건의 발달	• 주인공은 어떻게 느꼈나	• 그는 어떻게 했는가	• 그는 어떻게 되었는가
• 에피소드 1. 2. 3.			

• 결과: 이야기는 어떻게 결말이 났는가?	• 감상: 이야기에 대한 나의 느낌은?

시각자료를 꼼꼼하게 읽자

해리포터 잘 알죠? 거기서 위즐리가의 쌍둥이 형제가 해리에게 준 비밀지도 기억하나요? 거기에는 호그와트의 비밀장소는 물론이고 호그와트 사람들이 어디로 가고 있는지 모두 나와 있잖아요. 덕분에 해리는 좀 더 빠르고 정확하게 움직일 수 있게 되었고요. 호그와트 지리를 설명한 글을 읽는 것보다 지도를 보는 것이 훨씬 빠르고 재밌는 방법 아니겠어요?

지도는 보는 것, 읽는 것?

중학교 1학년 사회 교과서의 첫 단원을 기억하나요? '지역 사회 탐구' 라고 해서 우리가 살고 있는 지역 사회를 조사하고, 이해하는 단원입니다.

지훈 : 그런데 지도는 '보는 것이 아니라 읽는 것' 이라고 나와 있어요.

이상하지요? 당연히 '지도는 보는 것' 이라고 생각하는데 말입니다. 평소 당연한 것으로 여겨왔던 사실이나 지식이 '그렇지 않다' 는 걸 깨닫고 당황한 적 있나요? 그런 경험을 하고서 어떤 느낌을 받았나요?

교과서 보기

교과서에는 문자로 된 정보를 읽고 이해하기 쉽게 그림, 그래프, 표, 흐름도 등 다양한 시각 자료가 곁들여 있습니다. 교과서에서 옮겨온 아래 내용을 한번 읽어보세요. 그림을 눈여겨 본 경우와 그렇지 않은 경우, 어느 때가 내용 파악이 더 잘 되나요?

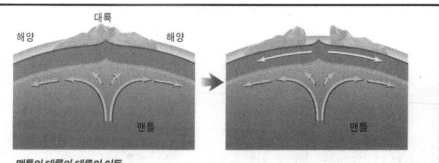

맨틀의 대류와 대륙의 이동

즉 크고 작은 10여 개의 판으로 이루어진 지구의 표면이 맨틀 대류의 방향에 따라 움직이므로 판과 함께 대륙도 이동한다고 설명한다. 이러한 이론을 **판 구조론**이라고 하며, 판 구조론은 지구 상에서 일어나는 여러 가지 지각 변동을 잘 설명해 준다. 그러므로 앞에서 공부한 조산 운동은 맨틀 대류가 하강하는 곳에서 해저가 침강함에 따라 두꺼운 퇴적층이 형성됨으로써 일어나는 것으로 설명할 수 있다.

《과학2》 166쪽 두산

교과서는 글만 들어있는 딱딱한 책이라고 생각하지 마세요. 그림, 표, 그래프 등을 함께 볼 줄 알면 다른 어떤 책보다도 더 재밌어질 거에요. 그럼 글을 읽을 때도 한결 쉬워질걸요?

왜, 중요할까?

교과서는 글이 전부가 아니다

교과서를 읽으면서 문자로 된 본문 내용만 중요하다고 생각하나요? 옆에 있는 시각 자료는 살펴보지 않고 그냥 지나치는 친구들이 꽤 있더군요.

지훈 : 글자로 된 설명에 비해 중요한 내용이 아니라는 생각도 들어요.

은아 : 또 그림을 일일이 살피는 것이 조금 귀찮기도 해요.

지훈 : 글만 읽고도 어느 정도 이해할 수 있으니까 굳이 그림이나 그래프, 표 같은 것은 눈여겨보지 않게 돼요.

특히 사회와 과학 과목은 지도, 도표, 그림 등 시각적인 자료를 함께 실어 글로 된 내용을 더 쉽게 파악하도록 하고 본문 내용을 보충해 줍니다. 어떤 경우든 시각 자료를 꼼꼼히 살피면서 교과서를 읽어야 이해가 훨씬 잘 됩니다. 교과서는 글과 시각 자료가 함께 어우러져 짜여 있기 때문이지요.

잊지말자! 교과서를 읽는다는 것은 글뿐만 아니라 시각 자료를 읽는 것도 포함된다.

조직화 + 암기 + 이해 점검 비결

우리가 벌써 마지막 10장을 공부하고 있네요. 앞에서 공부한 것 중에 읽은 내용들을 스스로 다시 짜보는 기술을 익혔죠? 읽은 내용들을 서로 의미가 통하게끔 연결 지으면 머릿속에 효과적으로 차곡차곡 저장할 수 있고, 나중에 쉽게 꺼내 활용할 수 있습니다.

시각 자료는 교과서에서 이미 시각적으로 정리해 놓은 좋은 도구입니다. 이런 좋은 도구가 우리를 공부 잘하는 통로로 안내하고 있는데 그냥 지나치겠어요? 교과서 저자들이 학생들이 공부하기 좋게 이미 다 준비해 놓았으니, 여러분은 주의를 집중하여 읽기만 하면 된답니다. 여러분은 다 차려놓은 밥상을 맛있게 먹고 좋은 성적을 내면 되는 겁니다.

시각 자료를 잘 읽어야 하는 또 다른 이유는 교과서를 읽으면서 그 내용을 얼마나 잘 이해했는지를 알 수 있기 때문입니다. 이를 '이해 점검'이라고 하죠. 이해 점검을 위해 보통 읽은 내용을 그림이나 도표로 나타내는데, 교과서에서는 시각 자료만으로도 확인해 볼 수 있습니다. 시각 자료를 제대로 이해하려는 것도 넓게 보면 이해 점검에 해당되니까요. 내가 직접 그림이나 그래프, 표로 나타낸 것은 아니지만 이미 마련되어 있는 시각 자료를 완전히 이해했다면 읽은 내용을 충분히 파악했다고 생각할 수 있겠죠.

노트정리의 비밀
공부 잘하는 학생들의 교과서나 노트를 살짝 관찰해보세요. 읽은 내용을 간결하고 보기 좋게, 시각적으로 정리하는 능력이 뛰어납니다.

원리, 잡아보자

1. 지도는 어떻게 읽나요

중학교 1학년 1학기 사회 과목의 첫 단원은 지도의 종류, 지도 읽는 요령, 지도 그리는 방법을 공부하도록 꾸며 있습니다. 지도 그 자체가 공부할 내용이 되는 셈이죠.

지도가 함께 있는 글을 읽을 때 교과서 본문과 어떻게 멀티 플레이를 하는지 교과서에서 옮겨온 내용을 보면서 그 순서와 요령을 생각해 봅시다.

지도 읽는 비법

1. 지도 훑어보기(map survey) – 배경 지식 쌓기나 밑그림 그리기에 해당된다. 본문을 읽기 전에 지도인 ①을 꼼꼼히 보고 나라의 이름과 위치를 대략적으로라도 파악한다.

2. 본문 정독하기(active reading) – 지도를 떠올리면서 ②의 내용을 꼼꼼히 읽는다. 읽은 내용과 지도가 연결되지 않으면 지도를 다시 살펴본다.

3. 지도로 외워보기(recite by map) – 본문 내용을 파악했다고 생각되면, 본문 내용은 가리고 지도만 보면서 공부한 내용을 되짚어본다. 만일 잘 외워지지 않으면 다시 지도를 보면서 글을 읽는다. 또 지도에 핵심 내용을 써보자.

이 방법을 살펴보니 뭔가가 떠오르지 않나요? 앞에서 공부한 읽기 기술 중에 단계적으로 읽는 기술인 SQ3R을 압축해서 적용한 것입니다. 처음에는 읽는 데 시간이 더 걸릴 수도 있지만 자주 연습하면 익숙해지겠죠?

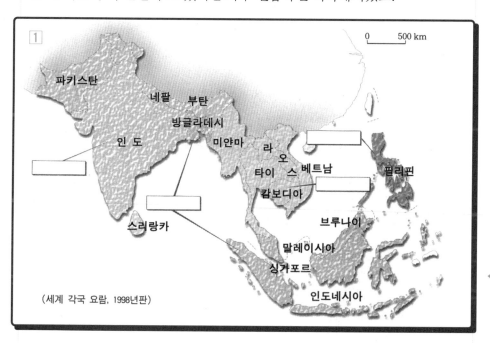

1

0   500 km

파키스탄
네팔   부탄
방글라데시
인도   미얀마
라   오
타이   스   베트남
캄보디아
필리핀
스리랑카
브루나이
말레이시아
싱가포르
인도네시아

(세계 각국 요람, 1998년판)

2 동남 아시아와 남부 아시아에는 힌두교, 불교, 이슬람교, 크리스트교 등 다양한 종교가 분포하고 있으며, 민족 구성도 복잡하다. 불교는 인도차이나 반도와 스리랑카, 부탄 등지에 주로 분포하며, 힌두 교는 인도와 인도네시아의 발리 섬에 분포한다. 이슬람 교는 15세기 초 이슬람 세력에 의해 점령되었던 파키스탄, 방글라데시, 말레이시아, 인도네시아에 주로 분포한다. 한편, 에스파냐에 이어 미국의 지배를 받았던 필리핀에는 가톨릭 신자가 많이 분포한다.

SQ3R은,

이 방법은 지도 읽을 때에만 해당되는 것이라고 생각하면 곤란합니다. 시각자료 중에 《사회 1》교과서에 많이 등장하는 것이 지도라서 여기서 다룬 겁니다. 어떤 종류든 시각자료가 있는 글을 읽을 때 다 적용된답니다.

《사회1》 148쪽 금성출판사

《사회1》 149쪽 금성출판사

2. 지도의 언어인 기호

지도란 '땅 위에 나타나는 여러 가지 지리적 현상들을 한눈에 볼 수 있게 줄여 나타낸 것' 이에요. 그리고 '목적에 따라 일정한 비율로 줄이고, 기호를 사용해 평면에 나타낸 그림' 이죠. 지도의 뜻풀이에서, 지도는 보는 것이 아니라 '읽는 것' 이라고 말하는 이유를 알겠지요? 지도에 나타난 기호 하나하나를 해석해야 하기 때문에 지도는 읽는 것입니다.

해리포터가 아무리 지도를 가지고 있어도 지도를 읽을 수 있는 기호나 마법주문을 모른다면 아무런 쓸모가 없겠죠. 마찬가지로 지도의 기호는 지도를 읽을 수 있는 흥미진진한 언어랍니다.

중학교 1학년 사회 첫 단원에 나온, 지도 읽기에 필요한 기호를 어느 정도 알고 있는지 한번 진단해 볼까요.

나의 지도 읽기

Q1. 실제 거리를 5만분의 1로 줄여 나타낸 지도를 1 : 50,000이라고 표시하는데, 지도에 1cm로 표시된 두 지점 간의 실제거리는 (   )m이다.

Q2. 지도는 위쪽이 (   )쪽으로 그리는 것이 일반적이다.

Q3. 지도마다 범례(지도 기호)는 약간 다르지만, 대개 ◎는 (   )를 나타낸다.

Q4. 지형의 높낮이와 특색은 대축적 지도에서는 (   )을 사용하여 나타내지만, 소축적 지도에서는 (   )로 표시한다.

Q5. 등고선을 표시할 때, 5만분의 1 지도에서는 높이 (   )m 마다 주곡선을 긋고, (   )m 마다 계곡선을 긋는다.

3. 지형, 산업, 기후를 공부할 때는 백지도를

사회 과목에는 세계 여러 나라의 종교, 기후, 산업 발달 등에 대해 공부해야 할 내용이 참 많습니다.

지훈 : 맞아요. 세계의 수많은 나라의 것들을 다 공부하려고 생각하니까 글로만 된 부분을 읽기만 해도 머리가 아파요.

은아 : 나라들도 많고 이름도 어려운데, 지도까지 나와 있으면 배운 대로 공부하기가 쉽지 않아요.

이런 어려움을 어떻게 해결할까요? 혹시 백지도를 이용해 공부해 본 적 있나요? 먼저 앞장의 내용을 잘 살펴봅시다. 교과서에 나온 동남 및 남부 아시아 국가들의 종교 분포를 나타낸 것입니다. 너무 많아서 벌써 머리가 어지럽나요? 차근차근 접근해 봅시다. 각 나라의 종교가 무엇인지 아는 것이 공부의 목표이지만, 그에 앞서 각 나라가 어디에 위치하고 있는지를 알아야겠지요. 이때 ① 나라 이름이 없는 채로 나라의 경계만이 그려진 백지도를,

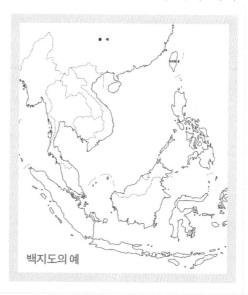

백지도의 예

② 노트 크기로 확대하여, ③ 여러 장 복사한 다음 나라 이름을 쓰면서 공부하면 쉽게 외울 수가 있습니다. 요즘은 참고서 등에 백지도가 잘 나와 있어 이것을 복사하여 활용하면 되지만, 예전에는 얇은 종이를 지도 위에 덧대고 그려서 공부했습니다. 물론 지금도 지도를 직접 그려보도록 하시는 선생님이 계시지만요.

4. 지리적 특성이나 산업 분포 등을 시각적으로 그려보자

각 나라나 지역의 지리적 특성, 기후, 산업 등을 공부할 때는 지도의 전체적인 모습을 떠올리면서 자기 스스로 시각적으로 내용을 압축해서 표현해 봅니다. 어떻게 하는지 교과서 내용으로 한번 실천해 볼까요?

아래 내용을 읽고 어떻게 핵심을 찾아낼까요? 사람의 얼굴에 빗대어 정리한 옆 그림을 참고해 보고, 더 멋지게 표현할 수 있는 아이디어를 떠올려보세요.

《사회1》 198쪽 금성출판사

동부 유럽과 러시아는 지형적으로 어떻게 나누어지는가?

북서 유럽과 러시아 사이에 위치한 동부 유럽의 북부는 유럽 평원의 일부이며, 중부와 남부에는 알프스 산지에서 이어지는 카르파티아 산맥과 디나르 알프스 산맥 등 높은 산지가 뻗어 있다. 중부와 남부 산지 사이에는 다뉴브 강이 길게 흐르면서 비옥한 헝가리 분지와 루마니아 평야를 형성하고 있다. 헝가리 분지에는 푸스터라는 초지가 형성되어 있었는데, 지금은 대부분 경지로 바뀌었다.

읽은 내용을 시각적으로 표현하는 방식은 글의 내용에 적합한 방식을 써야 합니다. 그래프, 도표, 다이어그램 등 평소 친숙한 방식을 활용하면 더 기억하기 좋겠죠.

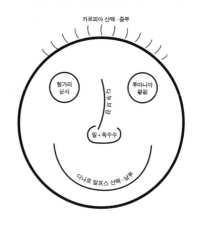

5. 그래프는 어떻게 할까

수학, 과학, 사회 등 많은 과목에서 그래프를 통해 정보를 얻을 수가 있습니다. 또 보고서를 작성할 때에도 그래프를 활용하기도 합니다. 그래프는 복잡한 사실을 간편하면서도 한 눈에 보기 좋게 제시해 주는 장점이 있습니다. 교과서를 공부하거나 일상 생활에서 원그래프, 막대그래프, 꺾은 선 그래프를 자주 만날 수가 있죠. 원그래프는 전체와 부분 간의 관계를 알려줄 때 쓰면 좋고, 각 요소들을 합하면 100이 되는 특징이 있습니다. 막대그래프는 어떤 사실들 간의 관계를 비교할 때 씁니다. 또, 어떤 사실이나 현상이 시간의 흐름에 따라 어떻게 변하는지 그 과정이나 경향을 밝혀주거나 서로 비교할 때는 꺾은 선 그래프가 좋습니다.

그래프를 읽는 방법

1. 그래프의 맨 위(또는 밑이나 옆)에 있는 제목을 먼저 읽고 무엇에 관한 그래프인지 파악하자.

2. 원그래프는 각 부분을 합해 100이 되고, 단위가 %이다.

3. 막대그래프와 꺾은 선 그래프는 밑에 위치한 비교요소(내용이나 시간 단위)를 먼저 읽은 다음에, 왼편에 있는 수치(숫자)를 읽는다.

4. 막대그래프는 비교하는데 목적이 있으므로 막대가 긴 순서대로 번호를 매긴다.

5. 꺾은 선 그래프는 점을 선으로 연결하여 표시하는 경우가 많으므로 선이 꺾인 위치에 표시한 점에 해당되는 수치를 읽는다.

6. 시각적으로 된 그래프의 전체적인 특징을 한두 문장으로 요약한다.

어때요? 아래 내용에 곁들여 있는 그래프는 막대그래프와 꺾은 선 그래프가 함께 제시되었다는 걸 알 수 있겠죠? 이런 경우에는 각각의 그래프가 무엇을 말하는지 잘 살펴보는 게 중요합니다.

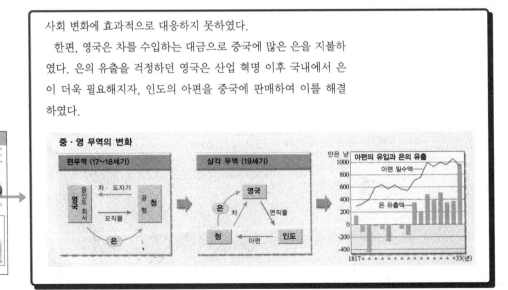

《사회2》 82쪽 금성출판사

5. 표와 도표는 어떻게?

표는 어떤 사실을 열(row)과 란(column)에 압축해서 나타낸 것인데, 문자 정보로 된 내용을 보다 빠르고 간결하게 이해하는데 도움을 줍니다. 특히, 표는 읽고 해석하는 데 별로 어렵지 않으면서도 많은 정보를 줄 수 있어서 그래프보다 더 유용할 때가 많습니다.

표 읽는 순서와 방법

1. 표의 제목을 읽고 표가 무엇을 알려주는 것인지 파악하자. 표 제목은 항상 표의 위에 위치한다.

2. 각 란의 제목(머릿말)을 읽자.

3. 각 열을 읽자.

4. 열과 란이 교차하는 위치의 수치나 개념을 찬찬히 살펴보자.

5. 특징적인 수치(개념)에 표시하기를 하자.

6. 표의 밑 부분에 보충 설명이 있으면, 빼놓지 말고 읽자.

건구온도와 습구 온도의 차(℃)

습구온도 (℃)	0	1	2	3	4	5
16	100	90	82	74	66	60
17	100	91	82	74	67	61
18	100	91	83	75	68	62
19	100	91	83	76	69	62
20	100	91	83	76	69	63

습도표 건구온도가 20℃이고 습구 온도가 17℃이면, 건구와 습구의 온도차는 3℃이다. 그러므로 이때의 습도는 74%이다.

도표는 어떤 대상의 요소나 부분을 그림으로 나타낸 것을 말하지요. 또 어떤 사물이나 대상의 각 부분들이 함께 있으면 어떻게 되는지 밝혀주기도 합니다. 도표를 읽을 때는 우선 제목을 읽어 무엇에 관한 것인지를 파악한 다음에, 그림에 직접 표시했거나 옆에 따로 마련한 각 요소를 나타내는 핵심 용어를 잘 읽읍시다.

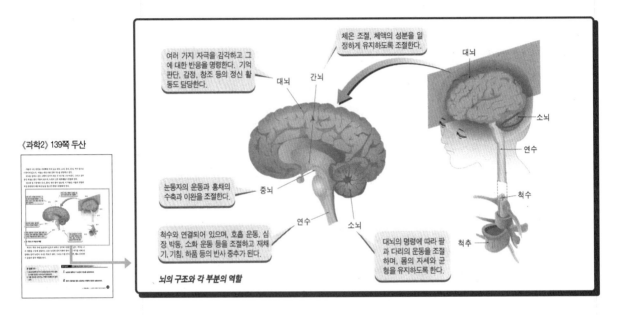

《과학2》 139쪽 두산

뇌의 구조와 각 부분의 역할

여러 가지 자극을 감각하고 그에 대한 반응을 명령한다. 기억, 판단, 감정, 창조 등의 정신 활동도 담당한다.

체온 조절, 체액의 성분을 일정하게 유지하도록 조절한다.

눈동자의 운동과 홍채의 수축과 이완을 조절한다.

척수와 연결되어 있으며, 호흡 운동, 심장 박동, 소화 운동 등을 조절하고 재채기, 기침, 하품 등의 반사 중추가 된다.

대뇌의 명령에 따라 팔과 다리의 운동을 조절하며, 몸의 자세와 균형을 유지하도록 한다.

대뇌 간뇌 중뇌 연수 소뇌 척추 척수

6. 조직도와 흐름도는 어떻게?

조직도란 어떤 대상이나 사물이 어떻게 구성되었는지를 파악하게 해주는 시각 자료입니다. 조직도는 대개 대상을 구성하는 내용들이 계층적인 관계를 갖고 있을 때 사용합니다. 그래서 위 아래의 관계가 있을 때 쓰기 좋죠. 교과서에 조직도는 원이나 박스로 내용을 정리합니다. 읽을 때는 가장 위쪽에서부터 선으로 연결된 아래쪽 부분을 차례로 읽으면 됩니다.

참, 조직도에서 항목들 간의 관계를 화살표(→)로 표시한 경우가 있는데, 이때는 항목들이 서로 원인과 결과의 관계를 나타낸다는 것을 머릿속에 두고 읽어야 합니다.

흐름도(프로차트)는 어떤 사건이나 일이 발생하면서부터 작동하는 순서나 과정을 나타내는 시각 자료입니다. 흐름도는 과학이나 기술·가정 과목에 많이 등장하는데 순서나 과정, 방향을 나타낼 때 주로 화살표를 사용합니다.

활자보다는 그림이나 영상에 익숙한 여러분이니 시각 자료를 보는 데는 훨씬 쉽겠네요. 교과서의 시각 자료도 이처럼 요령을 알고 보면 무척이나 재밌답니다.

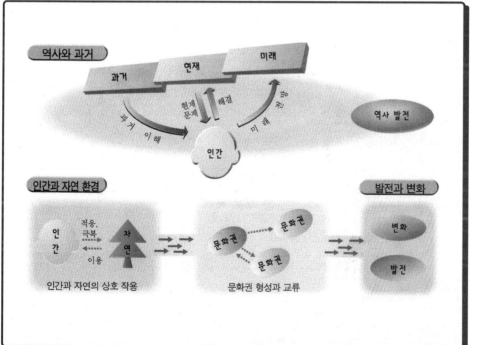

〈사회1〉 251쪽 금성출판사

어떤가요? 시각 자료를 제대로 이용하면 글로 읽어서 내용을 이해하는 것보다 훨씬 쉽고 재밌지 않나요? 그림도 그리고, 표도 그리면서 배운 내용을 버라이어티하게 이용하는 겁니다. 펜과 종이는 훌륭한 도구가 되겠지요.

이렇게 보고 나니, 교과서가 여전히 글로만 가득 차 있어서 외울 내용만 가득한 따분한 책이라는 생각이 좀 달라지지 않나요?

무엇보다 시각 자료를 잘 활용하는 것은 여러분이 표시하고 메모하며 읽거나 질문하며 읽는 것과도 연결이 될 수 있으니 글자를 그림으로 잘 만들어 활용해 보세요. 친구들과 함께 시각 자료를 잘 이해해서 각자의 그림이나 표로 만들어 비교해 보는 것도 좋겠지요. 공부가 재미있다고 하는 이유는 바로 여러분이 어떻게 하느냐에 따라 다르기 때문이에요. 교과서의 충분한 자료만 잘 활용해도 세상 어디서도 살 수 없는 훌륭한 나만의 참고서를 만들게 되는 거죠. 이런 교과서라면 친구나 동생에게 두고두고 자랑해도 좋아요.

은아 : 시각 자료가 교과서에서 글만큼이나 중요하다는 걸 알겠네요.

지훈 : 그러게요. 그동안 왜 글만 읽고 그림이나 표는 제대로 보지 않았는지 모르겠어요.

은아 : 시각 자료를 잘 이해하면 배운 것을 구체적으로 표현하는데 많은 도움을 받을 수 있겠어요.

지훈 : 그러니까 그림이나 흐름도 같이 구조를 나름대로 그려볼 수 있게 된다는 거겠죠?

은아 : 그렇게 해보니까 배운 내용이 금세 기억되고 또 쉽게 잊어버리지도

않아요. 글과 그림으로 동시에 이해할 수 있으니까요.

지훈 : 저는 인터넷이나 서점에서 백지도를 찾아서 당장 연습해 봐야겠어
　　　요. 이미 자료가 나와 있는 지도보다 백지도로 한 번 해보는 게 정말
　　　기억에 남는지 확인하고 싶거든요.

은아 : 10장에서 배운 그래프나 도표, 조직도, 흐름도 등은 교과서 내용에
　　　따라 다양하게 활용할 수 있으니까 교과서에 나오는 여러 종류의 글
　　　을 찾아서 배운 것을 다 시도해 보고 싶은데요?

지훈 : 교과서 하나를 보더라도 이렇게 다양하게 활용할 수 있다는 점이 정
　　　말 놀라워요.

은아 : 맞아요. 항상 사물함에 두고 수업 시간 외에는 잘 보지 않고 시험 때
　　　나 펼쳐 보기도 했는데 평소에도 교과서를 참고서나 문제집보다 더
　　　잘 활용할 수 있겠다는 생각이 들어요.

01 시각 자료가 들어 있는 글을 읽을 때, ① 훑어보기 → ② 본문 자세히 읽기 → ③ 시각 자료로 암송하기 순으로 읽으면 독해가 더 잘 된다. (예, 아니오)

02 그래프를 읽을 때 가장 먼저 해야 할 것을 고르시오.

  ① 밑에 위치한 비교 요소(내용이나 시간 단위)를 먼저 읽은 다음에, 왼편의 수치를 읽는다.

  ② 그래프의 제목을 읽는다.

  ③ 그래프의 전체적인 특징을 한두 문장으로 요약한다.

  ④ 막대그래프는 막대가 긴 순서대로 번호를 매긴다.

03 표를 읽을 때, 제목을 읽은 다음에는 각 란에 있는 머리말을 하나하나 읽는다. (○, ×)

04 사건이나 일이 이루어지는 순서나 과정을 시각적으로 나타낸 것을 (   )라 한다.

05 교과서를 읽을 때, 그림이나 도표 등 시각 자료를 읽으면 좋은 이유를 써보세요.

교과서에 있는 그림, 지도, 그래프 등 시각 자료는 줄글은 쉽게 이해하는 데 도움을 주거나 잘 정리하며 생각하는 데 도움을 줍니다. 그러니 시각 자료가 곁들여 있는 글을 읽을 때에는 이들 자료를 빠뜨리지 밀고 읽어야 독해력이 쑥쑥 올라간다는 사실, 잊지 마세요.

STEP 1

지도가 곁들여 있는 아래 글을 어떻게 읽어야 할지 순서를 써봅시다.

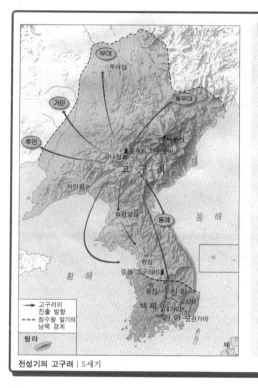

전성기의 고구려 | 5세기

도움글

· 광개토 대왕의 정복 활동 ·

광개토 대왕은 먼저 4만의 군사로 백제를 공격하여 임진강 일대를 차지하였다. 이어 북쪽의 거란을 원정하여 많은 촌락을 파괴하고 가축을 빼앗았다. 그것은 모용씨가 세운 후연을 공략하기에 앞서 그 배후의 거란을 차단하기 위해서였다. 백제를 다시 공격하여 여러 성을 함락한 후, 한강을 건너 백제의 수도에 육박하였다. 이에 백제가 굴복하고 일시적이나마 고구려에 복속하기를 맹세하여 고구려는 한강 이북의 땅을 모두 점령하였다. 또, 5만의 군사를 신라에 보내어, 당시 신라를 침입한 왜군을 낙동강 유역에서 물리쳤다.

남쪽의 후환을 없앤 고구려는 서북쪽의 후연을 격파하여 오랜 숙원이던 요동 지방을 포함한 만주 대부분의 땅을 차지하였다. 그리고 그 여세를 몰아 동북쪽의 부여와 동쪽의 말갈을 굴복시켰다. 이리하여 광개토 대왕은 남북으로 가는 곳마다 승리를 거두어, 일생 동안 64개 성 1400여 촌락을 차지할 정도로 대제국을 건설하였다.

《국사》 47쪽

아래 그래프는 각각 물질의 녹는점과 끓는점을 나타낸 것입니다. 그래프 읽는 요령에 맞게

자료를 이해한 순서(내용)을 쓰고, 그래프를 통해 파악한 정보를 각각 한 문장으로 쓰세요.

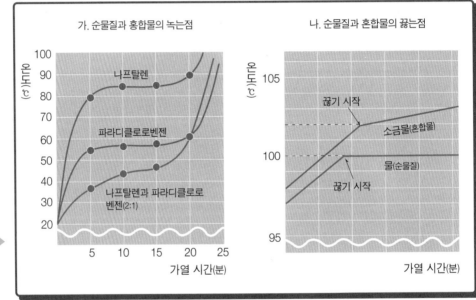

《과학2》 219쪽 두산

참고 : 나프탈렌과 파라디클로로벤젠은 순수한 고체 물질임.

1. 읽는 순서.

　① 　　　　　　　　　　　　　　②

　③ 　　　　　　　　　　　　　　④

2. 그래프 내용 정리.

　가.

　나.

Solution

이제 10장까지 다 공부했는데, 어떤가요? 이제 교과서를 좀 더 자세히, 재밌게 볼 수 있을 것 같나요? 이제 각 장마다 주어진 '확인해보자' 와 '함께 해볼까?' 의 답을 살펴 보겠어요. 경우에 따라 답이 없는 것은 정답 보다는 여러분 생각이 더 중요한 것이니, 스스로 혹은 부모님이나 선생님의 도움을 받아 해보세요.

Solution

1장 : 글의 목적과 종류에 맞게 읽자

01. 예   02. 예   03. ②   04. 융통성

05. ① 글의 주제, 중심 생각, 세부 내용을 쉽고 정확하게 파악할 수 있다.

   ② 글을 잘 쓸 수 있다.

함께 해볼까

STEP1.

1 ①-사실, ② -의견 2 ①-의견, ②-이유(근거) 3 ①-사실, ②-의견, ③-이유

STEP2.

Q1 : 머리말(설명하는 대상, 글을 쓰는 동기나 이유, 목적)-본문(대상을 풀어씀)-맺음말(요약

   정리, 글쓴이의 생각 덧붙임)

Q2 : 당간   Q3 : 우리의 귀중한 문화재를 잘 보존하자.

2장 : 개념 간의 관계를 파악하며 읽자

확인해보자

01. 예

02. ① 기본어를 중심으로 파생어, 숙어, 응용문장 등을 함께 공부하기.

   ② 문장을 외우는 가운데 단어를 외워보자.

03. 배경지식   04. 예   05. 재진술 단서(정보)

STEP1.

① 개념의 정의와 예가 있는 경우 : 정의한 부분에 밑줄을 긋고, 예에 동그라미 등의 표시를 한다.

② 개념이 책의 여백에 있는 경우 : 개념에 대한 정의를 읽은 다음 본문을 읽는다.

③ 개념의 정의는 없고 요소(예)만 있는 경우 : 요소(예)를 연결해 정의를 내린다.

STEP2.

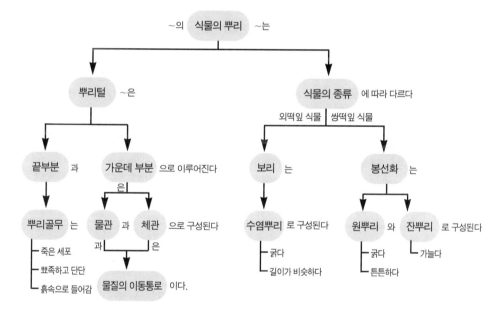

STEP3. 스스로 해보세요.

3장 : 단계적으로 읽자

01. 예   02. ①, ②, ④   03. 예   04. 예   05. 스스로 생각해 보세요.

함께 해볼까

STEP1.

훑어보기 S	1. 소제목(질문식) 3개 읽음 　2. 경운궁(덕수궁)과 명성왕후 장례 사진 봄 3. 열강의 이권 침탈을 나타낸 지도 봄 　4. '학습 정리' 부분의 주요 용어와 중심 내용 읽음
질문 만들기 Q	1. 을미의병이 일어난 까닭은? 　2. 독립 협회의 지도층이 만들고자 한 사회는? 3. 대한 제국이 자주 국가를 만들기 위해 기울인 노력은?
자세히 읽기 R1	을미사변과 을미개혁(1895) → 단발령과 을미의병 → 아관파천(1896) → 독립협회 설립(1896) → 만민공동회 (1898) → 고종 환궁과 대한제국(1897) → 광무개혁
암송하기 R2	1. 명성왕후 시해와 내정 간섭, 특히 단발령을 계기로 서양이나 일본과의 조약 체결을 반대, 이들의 침략을 경계할 것을 주장하기 위해 일어남 → 민족운동 2. 국민을 계몽하고 권리를 존중하며, 국가를 부강하게 하고, 국민이 직접 참여하는 민주정치를 실현하려 함. 3. ①고종 환궁과 대한제국 국호 제정, ②토지 측량과 공장 설립, ③실업학교, 의학교 설립 　④군대 개편과 지방에 군대 주둔
종합하기 R3	1. 일본이 을미사변을 일으키고 친일 내각을 앞세워 주권을 빼앗아가자 유학자가 중심이 되어 주권을 지키기 위한 을미의병을 일으켰다. 이에 고종은 러시아에 의지하여 일본을 견제하려고 하였으나, 이는 오히려 러시아가 우리나라를 내정 간섭하고, 열강들이 광산 채굴 등 우리 이권을 빼앗아가는 이유가 되었다. 2. 서재필과 개화파 지식인들이 독립협회를 만들고 만민공동회 등을 통해 저항하는 한편 광무개혁을 하여 나라의 자주성을 지키고 부국을 하려 하였으나, 보수적인 정부 관리들이 독립협회를 해산시켰다. 이로써 외세의 침략도 막지 못하고, 열강들이 우리의 자원을 침탈해갔다. 결국 민족 자본도 뺏기고, 근대화도 늦어졌다.

STEP2

1.문제 대강 파악하기

① 부등식 문제 → 처음 예금된 돈은 지훈이 더 많지만 매달 은아가 지훈이보다 더 많이 예금하면 은아의 예금액이 지훈보다 많아질 때까지의 기간을 구하는 문제

② 생각한 내용이 확실합니까? 예

③ 지문 중에 모르는 내용이 있습니까? 없음

2. 첫째 질문하기 → 문제를 의문문으로 바꾸기

①

개월	1개월	2개월	3개월	…
지훈	30,500	31,000	31,500	…
은아	15,500	17,000	18,500	…

② 몇 개월 뒤에 은아의 예금액이 지훈의 예금액보다 많아질까?

3. 문제 자세히 읽기→답을 구하기 위해 필요한 정보?

① 정보1. □달 후의 지훈의 예금액 : 30,000+500×□

　　정보2. □달 후의 은아의 예금액 : 14,000+1,500×□

② 없음

4. 둘째 질문하기→문제의 해결 절차(공식) 생각하기

① 공식1. □달 후의 지훈의 예금액 : 30,000+500×□

② □달 후의 은아의 예금액 : 14,000+1,500×□

③ 부등식 : 은아의 예금액이 지훈의 예금액 보다 크다 : 14,000+1,500×□ ＞30,000+500×□

5. 계산하기→빈 종이나 시험지의 여백에 문제 풀기

식을 간단히 쓰기 위해서 □를 x라 고쳐서 쓰자.

$14,000+1,500x ＞ 30,000+500x$

$1,500x-500x ＞ 30,000-14,000$

$1,000x ＞ 16,000$

$x ＞ 16$

즉, 17개월부터 은아의 예금액이 지훈의 예금액 보다 크다.

6. 셋째 질문하기→답이 의미가 통하는지 확인하기

17개월일 때 지훈의 예금액 : $30,000+500×17=38,500$

17개월일 때 은아의 예금액 : $14,000+15,00×17=39,500$

따라서 17개월부터는 은아의 예금액이 지훈의 예금액보다 많아진다.

4장 : 문장의 연결 관계를 파악하며 읽자

확인해보자

01. 예　　02. 예　　03. 신호어 또는 이행어

04. 문장들의 연결 관계를 파악하면 반대로 글을 조직하는 방법을 알 수 있으니까.

05. 스스로 생각해 보세요.

함께 해볼까

STEP1.

1 정의와 예의 관계

① 정의한 부분에 밑줄을 긋는다.　② 예에 해당하는 곳에 표시를 한다.

2 시간 순서의 관계

① 읽은 내용을 순서대로 정리한다.　② 날짜보다 사건 정보에 주의를 기울인다.

3 문제 · 해결 구조

① 문제가 무엇인지 정확히 안다.　② 문제별로 해결책을 찾는다.

STEP 2

	전통적 농업	플랜테이션
정의	원시적 이동식 농업	상업적 재배
재배지역	서부 아프리카 삼림지대	기니만 연안
재배작물	옥수수, 수수, 카사바 등	고무나무, 기름야자, 면화, 사이잘 삼 등
특징	3~4년 경작 후 이동	유럽인이 진출하면서 수출

STEP3. 스스로 해보세요.

5장 : 중심 생각을 파악하며 읽자

확인해보자

01. ①~⑤ 모두 해당됨.

02. ① 무엇(화제)에 대한 것인지 질문하자.   ② 핵심적인 메시지가 무엇인지 확인하자

03. 6장 '표시하고, 메모하며 읽자' 등

04. 표본   05. 스스로 생각해 보세요.

함께 해볼까

STEP1.

① 새마을 운동을 계기로 농·어촌의 생활수준과 소득이 높아졌다.

② 사회화는 사회의 문화를 습득하는 과정으로, 자아를 형성하게 하고 사회를 발전시킨다.

STEP2.

①	질문 1. 무엇에 대해 서술하고 있는가?	조선의 강제적 개항과 근대화 운동
	질문 2. 핵심 요지는 무엇인가?	조선은 열강의 각축장이 되는 가운데 근대 국가를 이룩하려 노력하였다.(→강화도조약+갑오개혁)
②	질문 1. 무엇에 대해 서술하고 있는가?	민중들의 항일의병 투쟁
	질문 2. 핵심 요지는 무엇인가?	농민과 민중들은 내정을 개혁하고 외세를 배척하기 위해 노력하였다.(→동학농민운동+항일의병투쟁)
글의 전체적인 주제		조선은 19세기에 들어 외세(서양·일본)에 대항하는 한편, 근대 문물을 받아들이려는 노력을 하였다.(→근대화)

6장 : 표시하고, 메모하며 읽자

확인해보자

01. 예

02. 인간의 기억 용량에 한계가 있으므로, 필요한 정보만 입력해야 하니까.

03. 느낌, 생각, 주장, 의견 등

04. "중·일 전쟁을 일으켜 중국 대륙을 침략한 일제는 그 후 미국의 진주만을 기습 공격함으로써 태평양 전쟁을 일으켰다."

05. 친구나 선생님, 부모님과 함께 해보세요.

함께 해볼까

STEP1.

식물은 싹을 틔우고 생장하며, 꽃을 피우고 열매를 맺는 일 등 많은 생명 활동을 하고 있다. 이 모든 활동에는 에너지가 필요하다. 이런 에너지를 얻기 위해서는 동물과 마찬가지로 호흡을 해야 한다.

※ 식물의 호흡은 잎, 줄기, 뿌리의 모든 부분에서 진행되는데, 동물의 경우처럼 유기 영양소가 분해되어 에너지가 생긴다. 이때 산소는 받아들이고 이산화탄소는 내보낸다.

낮에는 광합성으로 몸속에서 산소가 만들어지기 때문에 호흡에 필요한 산소를 별도로 흡수하지 않아도 된다. 그리고 호흡으로 생긴 이산화탄소는 광합성 원료로 사용된다. 하지만 밤에는 광합성이 일어나지 않으므로 기공을 통해 산소를 받아들이고 이산화탄소를 내보낸다.

STEP2.

국민은 권리의 행사에 따르는 책임과 의무를 이행하여야 한다. 의무는 일정한 행위를 하거나 하지 못하도록 법적으로 강제하여 사회 질서를 유지시키는 기능을 한다. 우리나라 헌법에서는 국민의 기본권과 함께 국민의 기본적 의무를 규정하고 있다. 모든 국민은 법률이 정하는 바에 의하여 나라를 지켜야 하는 국방의 의무와 국가 재정을 마련하기 위해 세금을 내야 하는 납세의 의무를 진다.

보호자는 그의 보호하에 있는 자녀에게 법률이 정한 교육을 받게

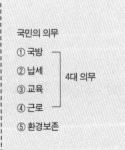

국민의 의무
① 국방
② 납세
③ 교육
④ 근로
⑤ 환경보존

4대 의무

할 교육의 의무를 지며, 모든 국민은 근로의 의무를 진다. 그 밖에도 헌법은 국민들이 환경 보전을 위해 노력해야 한다는 환경 보전의 의무를 규정하고 있으며, 국민의 모든 자유와 권리의 행사는 국가 안전 보장과 질서 유지, 또는 공공 복리를 해치지 않도록 행사되어야 한다고 밝히고 있다.

STEP3. 스스로 해보세요.

7장 : 질문하면서 읽자

확인해보자

01. 예   02. ① -전, ② -후, ③ -중   03. 추론   04. ① 지식

05. 친구나 선생님, 부모님과 함께 생각해 보세요.

함께 해볼까

STEP1.

Q1. 유교는 어느 나라에서 생겨났지?

Q2. 정치인 등 부정부패를 저지르는 사람은 왜 더 많아질까?

Q3. 인간은 어떻게 해야 사회를 밝게 하고, 성인이 될 수 있나?

Q4. 유교에서는 인간을 어떤 존재로 보는가?

Q5. 불교나 기독교는 사람을 어떤 존재로 보는가?

STEP2.

Q1. 질문을 읽고 시작하면 읽기의 초점이 확실하게 잡혀 핵심 내용 파악이 더 잘 된다.

Q2. 1. My future 2. Just pick one. You can't do too much.

STEP3. 친구나 선생님, 부모님과 함께 해보세요.

8장 : 배경 지식을 생각하며 읽자

확인해보자

01. 1, 2는 O, 3은 ×

02. ① 알고 있는 지식이 기초가 되어 새로운 내용을 쉽게 파악할 수 있으니까.

② 알고 싶은 내용을 적으면 읽는 초점이 분명해지고 집중할 수 있으니까.

③ 자연스럽게 노트 필기를 하게 되니까.

03. 예   04. K(무엇을 알고 있나?)와 W(무엇을 알고 싶은가?)

05. 친구나 선생님, 부모님과 함께 생각해 보세요.

함께 해볼까

K 무엇을 알고 있나?	W 무엇을 알고 싶은가?	L 새로 알게된 내용은 무엇인가?
• 삼국은 자기 이익을 위해 대립도 하고 연합도 했다. • 신라가 당나라 힘을 얻어 삼국을 통일하였다.	• 백제와 고구려는 멸망 후에 어떻게 부흥 운동을 하였나? • 신라는 통일 후 어떤 어려움을 겪었나?	• 백제-왕족과 승려들이 힘을 모아 부흥 운동을 벌였으나 지도층의 내분으로 실패함. • 고구려-보장왕의 아들 안승이 부흥운동을 하였으나 실패, 유민들은 신라의 포로가 됨. • 당나라가 말갈족, 여진족, 거란족을 앞세워 신라를 침공→신라가 당군을 대동강에서 물리침→드디어 완전한 통일을 이룸.

STEP2.

W 알고 있는 개념은?	I 읽고서 안 내용은?	K 읽고도 모르는 것은?
• 영양소의 종류–단백질, 비타민, 탄수화물, 지방 등 • 식품에 있는 영양소–과일에 비타민, 고기에 지방 등 • 소화 기관의 종류–위, 소장, 대장 등	• 영양소는 3대 영양소(탄수화물–단백질–지방)와 부영양소(비타민,무기염류)로 구분 • 비타민의 종류와 결핍 증상, 들어있는 식품 • 비만도 질병이라는 사실 • 소화, 소화관, 소화샘의 의미 • 침샘의 작용, 입·위·소장에서의 소화작용 • 소장에서 영양소가 흡수되는 경로(세포막, 림프관 등) • 대장의 역할–수분 흡수, 대변과 소변, 세균의 작용	• 어떤 친구는 많이 먹는데도 왜 살이 안찌지?

글을 읽는 목적과 답   목적–영양소와 결핍 증상, 들어 있는 식품은 무엇이고, 소화는 어떻게 이루어지는가?

답 ① 영양소는 필수 영양소와 부영양소로 나눈다는 것을 알게 되었다. ② 탄수화물, 단백질, 지방이 분해되고 소화되는 과정과 소화에 작용하는 효소(이자액) 등을 알았다. 그리고 영양소로 전환되는 것을 알았다.

9장 : 이야기의 구조를 파악하며 읽자

확인해보자

01. 배경   02. 위기   03. 이야기 처방전   04. ③

05. ① 원인과 결과의 관계를 파악하는 연습을 할 수 있다. → 논리적 사고능력이 생긴다.

② 글의 중심 생각을 찾는 연습을 할 수 있다. → 글을 파악하는 속도가 빨라진다.

STEP1.

발단	양치기와 농부의 분쟁	탐욕스런 농부가 일한 대가로 주기로 한 염소를 주지 않자 해결을 위해 시장을 찾아감

《국어2-2》 pp. 65:처음~65:9

전개	시장이 낸 문제를 농부의 딸 만카가 해결	시장이 낸 문제로 한숨만 쉬는 양치기 아버지에게 문제의 해답을 알려줌

pp. 65:10~70:4

위기	시장(남편이 된)의 경고를 무시한 만카에게 위기	결혼 당시 남편과의 약속을 어기고 판결에 끼어든 만카가 친정으로 쫓겨나게 될 상황

pp. 70:5~71:13

절정	위기 속에서도 만카는 지혜롭게 대처	집에서 쫓겨 날 상황에서도 침착하게 지혜를 발휘해 오히려 남편의 마음을 사로잡음

pp. 71:14~72:7

결말	시장이 아내 만카의 능력을 공식적으로 인정	시장이 어려운 문제가 생기면 공식적으로 아내 만카에게 문제해결을 맡김

pp. 72:8~72:끝

STEP2.

친구나 선생님, 부모님과 함께 해보세요.

10장 : 시각자료를 꼼꼼하게 읽자

확인해보자

01. 예   02. ②   03. ○   04. 흐름도

05. ① 이해하기 좋게 정리해 놓은 것이니까.

② 읽은 내용을 정확히 이해했는지 스스로 점검할 수 있으니까.

함께 해볼까

STEP1.

지도 훑어보기→ 본문 자세히 읽기→ 본문 내용을 넣고 지도를 말해보기

STEP2.

1. 읽는 순서

① 제목을 읽는다('가'와 '나') ② 비교요소(가열시간*온도)를 연결하며 읽는다. ③ 보충 설명이 있으면 읽는다(참고) ④ 전체적인 특징을 한두 문장으로 말한다.

2. 그래프 내용 정리

가. 순물질은 일정한 온도에서 끓거나 녹는다.

나. 혼합물질은 녹는 온도나 끓는 온도가 일정하지 않다.

한언의 사명선언문

Since 3rd day of January, 1998

Our Mission
- · 우리는 새로운 지식을 창출, 전파하여 전 인류가 이를 공유케 함으로써 인류문화의 발전과 행복에 이바지한다.

- · 우리는 끊임없이 학습하는 조직으로서 자신과 조직의 발전을 위해 쉼없이 노력하며, 궁극적으로는 세계적 컨텐츠 그룹을 지향한다.

- · 우리는 정신적, 물질적으로 최고 수준의 복지를 실현하기 위해 노력하며, 명실공히 초일류 사원들의 집합체로서 부끄럼없이 행동한다.

Our Vision
한언은 컨텐츠 기업의 선도적 성공모델이 된다.

저희 한언인들은 위와 같은 사명을 항상 가슴 속에 간직하고
좋은 책을 만들기 위해 최선을 다하고 있습니다.
독자 여러분의 아낌없는 충고와 격려를 부탁드립니다.
· 한언 가족 ·

HanEon's Mission statement

Our Mission
- · We create and broadcast new knowledge for the advancement and happiness of the whole human race.

- · We do our best to improve ourselves and the organization, with the ultimate goal of striving to be the best content group in the world.

- · We try to realize the highest quality of welfare system in both mental and physical ways and we behave in a manner that reflects our mission as proud members of HanEon Community.

Our Vision
HanEon will be the leading Success Model of the content group.